文澜外国语言文学研

时间与空间互动研究

以汉语复现结构为例

马书东　著

WUHAN UNIVERSITY PRESS
武汉大学出版社

图书在版编目(CIP)数据

时间与空间互动研究：以汉语复现结构为例/马书东著.—武汉：武汉大学出版社，2018.12
文澜外国语言文学研究文库
ISBN 978-7-307-11462-3

Ⅰ.时…　Ⅱ.马…　Ⅲ.汉语—认知语言学—研究　Ⅳ.H1

中国版本图书馆 CIP 数据核字(2018)第 286625 号

责任编辑:郭　静　　责任校对:汪欣怡　　版式设计:马　佳

出版发行：**武汉大学出版社**　(430072　武昌　珞珈山)
(电子邮件：cbs22@whu.edu.cn　网址：www.wdp.com.cn)
印刷:北京虎彩文化传播有限公司
开本:720×1000　1/16　印张:12.75　字数:181 千字　插页:1
版次:2018 年 12 月第 1 版　2018 年 12 月第 1 次印刷
ISBN 978-7-307-11462-3　定价:38.00 元

前　　言

时间与空间的互动是认知语言学的重要议题之一，其中最受关注的是时间的空间隐喻。认知语言学的基本假设是语言结构体现一般认知能力。既然时间的空间隐喻是一般认知过程，那么时空隐喻也应该体现在所有的语言中。然而，就目前的研究来看，确实存在特定的语言在表达时间时并不求助于空间，不仅如此，从空间面向到时间关系的投射也存在跨语言的差异，有的语言倾向于过去在前，而有的则倾向于过去在后，而汉语中时间的空间面向则仍存争议。进一步的跨学科研究显示，在认知层面上，时间与空间不仅表现出如时空隐喻所预测的非对称性，而且也存在对称性。事实上，关于时空互动已经形成对称与非对称两种主张的竞争态势。跨学科的汇流证据还显示，时空互动在语言和认知上存在差别性的表征，并且时间的表达也并非不能独立于空间。这均提示，有必要对时间与空间在语言中的规约性互动作更为深入的考察。

本研究关注汉语复现结构中时间与空间的互动。结合复现结构，通过回顾以往关于空间与时间的研究，本书将空间和时间界定为广义的空间认知域和时间认知域。空间域主要涉及物体、物体关系和物体运动；时间域主要涉及事件、事件关系和抽象时间。原则上，运动由时间域和空间域共享。在此基础上，本研究将时间与空间的互动总结为时空相关、时空类比、时空依存、时空转喻、时空隐喻和时空整合。时空相关是时间与空间在认知上形成相互协同的相关关系；时空类比是时间与空间共享特定的特征和结构；时空依存是事件在概念上必然预设空间性实体的参与；时空转喻是时间与空间之间的相互通达；时空隐喻是通过空间组构或推理时间；时空整合是两个或多个现实的时空事件整合成一个想象性或虚拟性的时空事件。多种时空互动存在的根本原因是，时间与空间在不同抽象度上的纠缠以及时间的非团块性。实际上，通过空间所描述的时间是从运动或变化事件中抽象的时间，除此之外，时空隐喻本身还需要一个处理时间作为支持。这样，时空隐喻对时间的描述范围就限制在抽象时间而非处理时间上。

关于时空互动的不同发现并非通过一种研究方法就能获得，而是汇流证据的结果。汇流证据的方法是认知语言学的主流导向，此导向涉及从内省到量化实证的转向。本研究通过总结认知语言学的方法转向，发现时空互动的研究体现不同方法在揭示时空互动不同侧面的不可替代的作用。在时空互动研究中内省方法用作提出时空隐喻假设，而实证方法则用来验证时空隐喻的有效性，并且也对时空隐喻提出了挑战。综合考虑国内外在时空互动研究中所采取的各种研究方法，兼顾研究者自身的专长，本研究创新性地将内省和语料两种方法相结合来考察汉语复现结构中的时空互动，其具体做法是通过内省与语料之间的相互印证与否揭示时空互动在复现结构中的使用规约。

通过初步的内省，本研究发现，时空互动集中体现在具有对称性的复现结构中，其在本文的形式化表达式为“CACB”，其中“C-C”和“A-B”均可规约共现，也均可规约为框架或内容。“C-C”与“A-B”形成内容-框架或框架-内容的组配。在此，框架为具有一定抽象度、不指称实质信息、充当结构的常量规约共现组配，而相对应地，内容为抽象度相对较低的、指称实质信息的变量共现规约组配。当框架表达空间，而内容表达时间时，则形成空间组构时间的复现结构，例如，“边走边吃”中空间框架“边-边”组构同时事件“走-吃”；当框架表达时间，而内容表达空间时，则形成时间组构空间的复现结构，例如，“时高时低”中时间框架“时-时”组构空间格局“高-低”。空间组构时间的复现结构证明时空隐喻的有效性，而时间组构空间的复现结构则证明，时间与空间之间的非对称性组构是双向的。时空互动还以对称性的方式体现在类比性复现结构中。例如，“一推一挡”和“一桌一椅”中类比框架“一-一”既可组构相继动作“推-挡”又可组构空间物体列举“桌-椅”。此类复现结构中时间与空间均被描述为内容，二者存在类比和相关关系。

为更详细了解时间与空间在复现结构中的互动，本研究采取内省与语料相结合的方法深入地考察了“C 前/上/左-C 后/下/右”、“C 来 C 去”、“边 A 边 B”等框架为空间的空间性复现结构，“又 A 又 B”、“时 A 时 B”、“忽 A 忽 B”等框架为时间的时间性复现结构和“一 A 一 B”、“或 A 或 B”、“有 A 有 B”、“没 A 没 B”、“不 A 不 B”等框架为一般性范畴的类比性复现结构。结果发现，这些复现结构中的框架具有较高的规约度，呈现出构式性的整合倾向，以此为基础，类比、相关、隐喻、转喻等时空互动获得连续性表征。进一步的频率考察发现，空间性复现结构的频率分布呈现间距效应，即空间对间距越短，结构实例频率越高；时间性复现结构虽然整体上也呈现时间对间距越短而结构实例频率越高的间距效应，但不具有规律性。这样的频率分布提示时空的双向组构在规约上呈现非对称性。

本研究的结论是，在汉语复现结构中时间与空间可相互组构，在这种相互组构中相关、类比、依存、转喻、隐喻和整合等时空互动均发挥驱动作用；复现结构中的时空互动受语言形式的调节。这样的结果虽然证明时空隐喻在解释复现结构中具有一定的有效性，但也说明时空隐喻的解释力是有局限性的。当然，这并非否定时空隐喻在语言上的真实性，而是表明时空互动在语言结构中的表征方式具有多样性。

目　录

1 引　　言

1.1 选题依据

空间和时间是人类两个基本范畴，二者的互动是认知语言学的重要议题。在语言中，时间与空间互动（简称为时空互动）的体现之一是一个单词既可表达空间关系也可表达时间关系。英语的“at”在“at table”中提示空间方位，而在“at night”中则提示时间点。英语“at”在汉语中的对应项之一为“在”，其也能体现时间和空间的并置，例如在“在三天内”中“在”表达时间范围，在“在楼内”表达空间范围。不仅如此，汉语中还存在更多体现时间与空间并置的表达，例如，在“只一人在操场上”中“一”表达空间实体的个数，而在“他转念一想，觉得不是滋味。”中“一”则表达事件的短暂或瞬时。还有，在“他有时喜欢开个玩笑”中，“有”提示时间的某一段，而在“有人在屋子里”中，“有”提示空间的某个物体。凡此种种，都说明在词汇中时间与空间存在某种关系。

在认知语言学中，以往关注较多的是词汇层面的时空互动，而较少关注结构层面上的时空互动，尤其是汉语具有特色的复现结构中的时空互动则鲜有关注。实际上，“有”、“一”等单位在汉语中能通过复现的方式而形成一个完整的结构，例如，“有酒有肉”“一蹦一跳”。在这种结构中，“有-有”或“一-一”规约化为一个框架性的概念结构，从而既能组构空间属性，如“有高有低”，又能组构时间关系，如“有先有后”。不仅如此，原为时间性取向的词汇也能形成此类结构，如“时高时低”、“时隐时现”；原为空间性取向的词汇也有类似结构，如“一边说一边笑”、“一边工作一边学习”。

复现结构中时间或空间在内容和框架上的这种角色切换为考察时间与空间在汉语中的互动提供了新的契机。

1.2 理论背景

时间和空间是跨学科的研究议题。在跨学科研究中时间与空间之间的互动到底如何，仍然存在争议。长期以来存在时间和空间是客观还是主观的争论。从物理学角度看，Newton 认为存在均质流动的绝对时间和真正静止的绝对空间(DiSalle 2002：38ff.)，而 Hawking(1988：Chapter 2)则认为，时间不可能完全独立于空间，而是与空间形成一个称之为时空(space-time)的实体。从哲学角度看，Kant(1998/1781：B37ff.)则认为时间和空间是人的先验性知识结构。鉴于这种争论的重要性，选择从新的视角考察此问题，显得尤为必要。

从认知语言学角度看，时空互动实际上存在多种，其也体现在复现结构中。对于一个具体复现结构而言，其并非一定是绝对地体现空间性或时间性内容，而是要基于使用来考量，例如：

(1)a. 墙上挂着两个图片，一上一下。　　(自造句)

b. 天上的飞机一上一下。　　(自造句)

在(1a)中"一上一下"解读为"一个在上方一个在下方"，而在(1b)中则解读为"一会向上一会向下"。这样，"一-一"在(1a)中提示两个静态空间状态，在(1b)中则提示一个系列过程；"上-下"在(1a)中提示两个空间方位，而在(1b)中则提示两个不同方向的过程。于是，时间和空间在语言表达中能够相互激活和抑制，这种关系基于在人类一般经验中运动与方位的相关。

当然，复现结构不仅仅体现时空相关，还体现时空类比。Galton(2011)认为，时间与空间的共同属性是延展性。延展性在空间上的体现是实体占据空间范围的变化，比如说，"饭菜洒了一炕一地"中，"炕-地"表达"饭菜"占据的空间范围从碗扩展到"炕-地"，而在时间上的体现则是事件持续的变化，例如，"他们玩了一天一宿"中"玩"的时间范围扩展至"一天一宿"的时间段。基于共同属性，时间和空间可被描述成类比对，例如“一时一地”中时间和空间被视为共享量级范畴的类比对，而同时这也提示“量级”是时间与空间的共同属性。

不仅如此，在语言中时间与空间还存在依存关系。请考虑“一只狗在操场跑来跑去”。在此句中，我们能发现两种依存关系。一种是“狗”这个实体与“跑来跑去”之间的关系。从概念上看，如果不存在“狗”，则我们就不可能观察到“跑来跑去”这种空间位移。这样，运动位移本身必然预设实体的存在，也就是说过程依存于实体(Langacker 2008：199-202)。另外还存在“跑-跑”与“来-去”之间的关系。在经验上，如果我们想要确定一个实体是否在运动，我们必须先预设参照体之间的关系。如果不存在这样的参照关系，比如在密闭的飞机上，即使飞机绕着地球高速运动，我们仍然感觉飞机是静止的。这样的基本经验要求，运动依存于空间关系。这体现在“跑来跑去”中就是“跑-跑”的运动依存于“来-去”设定的空间关系，主要是自我和“狗”之间的相对位置关系。

另外，还存在时间与空间之间的相互通达，例如，“三分钟路程”中，“三分钟”表达路程的空间距离。在汉语中，可通过具体实体达及整个过程，例如“一拳一脚”，其中，“拳-脚”指驱动“拳-脚”的过程，也可通过过程达及实体，例如“一挑一担”可以表达“一挑水一担柴”，这实际上是用动作过程达及相对应的过程事体。这种现象提示时间与空间的转喻关系。

当然，语言并非单纯地凸显一个经验模板的某个方面，还会在长期使用中形成用空间方位推理时间关系的表达，即时间的空间隐喻，例如①：

(2)a. 几只红蜻蜓在她身前身后追逐戏嬉。

b. 她会相面能掐算，知人身前身后事。

c. 据最近统计，会前会后共签订了合同协议意向书二十

① 本研究中未加以标示的例子均来自北京大学语言研究中心现代汉语语料库(CCL)。为了行文简洁，对从 CCL 检索出的例子会作删节处理，不再具体说明。

二项。

在(2a)中“前-后”表达以“身”为参照的“追逐嬉戏”的空间范围，而　在(2b)中“身”则不指称物理意义上的身体，而是表达死亡的时间点，这样就发生了时间的空间隐喻投射，即“时间点是身体”。这种时间的空间投射关系也体现在事件关系上，例如，在(2c)中“会-会”是个事件，“前-后”表达以“会”的时间点为参照点的时间范围。

这种空间隐喻源于不同事件域在语言表达层面上的整合(Fauconnier & Turner 2008：60)，例如，“他说来说去，就是那么几句话”，在此句中，“来-去”提示的基本运动(例如，车来车去)与“说-说”提示的话语事件整合成一个相对于说话人的具有想象性的运动事件。

概而言之，不同于物理学意义上的时空互动，在语言中时间与空间表现出相关、类比、依存、转喻、隐喻和整合的关系。正是因为这些不同时空互动的存在，使得时空隐喻对语言现象的解释力大为削弱。

在以往的研究中，关注最多的是时空隐喻假说，即空间比时间具体，空间组构时间。此理论在语言中最直接的体现是，物体的空间面向组构事件的时间关系甚或时间关系本身，例如“前天”、“后天”，其中“前/后”表达时间先后关系。这种关系不仅体现在汉语上也体现在多种语言上(Núñez & Sweetser 2006；Sullivan & Bui 2016；Cooperrider et al. 2016)，甚至还体现在手势上(Bergen & Lau 2012)。但问题是，在不同的语言中空间面向对时间关系的组构存在不一致性(Brugman 1990)，即使在同一种语言中，也存在不一致性。比如，在汉语中我们说“前天”表达过去，也说“前途”表达未来，这种不一致性使得时空隐喻说很难一致性描述时间与空间在语言中的互动关系。

另一个难点是，时间与空间存在相关，例如“我们还有三天的路程”，在此用“三天”时间来度量空间的距离。这种相关是基于一种经验性的相关。在此，通过时间来达及空间距离而非相反。除了这种静态对应外，还存在动态的相关，也就是虚拟运动(Talmy 2000；Blomberg & Zlatev 2014；Blomberg 2015)，例如“小路穿过森林”中，“小路”作为空间实体，不具有现实中可观察的运动，但是在表达中却被描述成“穿过”的运动过程。在这里存在着“小路”空间范围的延展与非现实运动过程的同步。这个动态过程从隐喻角度看是运动向空间的投射。问题是，既然运动本身是个时间过程，那么从投射方向上看，并不是空间组构时间而是时间组构空间。这实际上是对单向时空隐喻假设的一种修正。不仅如此，对此例的解释还存在认知时空说(Stocker 2014)。认知时空说主张，虚拟运动并不能通过时空隐喻获得充分解释。理由是，在运动中既存在空间也存在时间，而时间的空间隐喻则预设二者相互分离。为了解决这样的悖论，认知时空说则主张在认知层面上时间是空间的系数，时间与空间形成相关。这样，就不存在从时间域到空间域的投射。另外一个办法是摒弃时间与空间发生在经验性的认知域层面上，转而认为时间与空间的隐喻化发生在框架层面上(Moore 2006)。在这个思路中，时间与空间具有框架性的类比和对应。

这种框架层面上的时空隐喻预设时间和空间具有各自的独立性。实际上，在认知语言学中关于时间和空间存在两个框架，空间参照框架(spatial frame of reference)和时间参照框架(temporal frame of reference)①。

空间参照框架指在经验中物体之间形成的关系。在语言表达中需要区分内在性和指称性空间关系。内在性空间关系的方位由物体自身的特征决定，而指称性的空间关系需要参照其他物体。例如，“房子的正面”中“正面”由“房子”自身的性状来确定，这体现内异性空间关系。再比如，“一个桌子在床的旁边”，其中“桌子”的方位需要参照“床”的方位来确定，这体现指称性空间关系。另外一

① 有人将 spatial/temporal frame of reference 译为空间/时间参照系，但是这样的翻译与“frame”的本义产生脱离，也与 frame semantics 中的“frame”脱离，而本书预设二者等同，因此全文一致性地将“frame”译为框架。

个需要区分的空间关系是相对性和绝对性空间关系。在相对性空间关系中观察者自身的面向影响目标物体方位的确认，例如“云在我的头上”，其中“上”由观察者的常规身体状态决定；在绝对空间关系中观察者自身面向的调整不影响目标物体方位的确认，例如“小河在东边”，其中预设的观察者“我”并不影响“东边”的确定。简言之，在空间框架中涉及自我-参照体-目标体之间的关系。这种空间关系是建立在具有触控性的物体之上的，但其本身则不具有触控性，是一种具有想象性的关系（Lakoff & Johnson 1999：30；张克定 2008）。

相对应地，也存在时间参照框架，其呈现非团块性的特征（Núñez & Cooperrider 2013）。时间的区别属性是瞬时性（transience）（Galton 2011），即时间的主观经历，其类型包括持续、相继、异向、同时等时间关系，因此，特定事件的时间定位需要参照三种时间框架：指称时间框架、系列时间框架和同时时间框架（Evans 2013a）。指称时间框架表达现在、过去和将来的时间关系；系列时间框架表达先后早晚的时间关系；同时时间框架体现某个事件的时间定位以另外一个事件的反复性出现为参照。

至关重要的是，空间或时间一方面可成为语言指称的内容，而另外一方面又为语言提供框架结构来源，这为二者在语言表达上的相互组构提供了可能。实际上，这种相互组构体现在复现结构中。

1.3 研究对象

复现结构是汉语中一个规约化程度很高的结构，例如“跑来跑去”，其基本的形式特征是非连续的重复，这种结构大量存在于“ABAC”格式中。本研究的考察对象则是“ABAC”格式的一部分，将其称之为“CACB”，例如，“忙前忙后”，其中“C-C”体现为“忙-忙”复现对，而“A-B”则体现为“前-后”对比对。这类结构单位之间的分组情况描述如下：

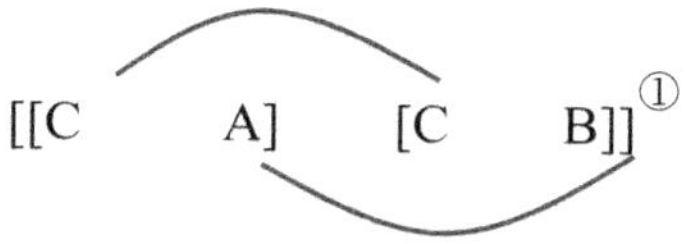

其特点是：

[CACB]形成一个即时组配；

[C-C]形成一个即时规约组配；

[A-B]形成一个即时规约组配；

在形式和意义上 C=C；

在形式和意义上 A≠B。

既然“C-C”或“A-B”均为规约组配，在此类结构中就存在“C-C”与“A-B”之间的关系。这样，如果在特定实例中“C-C”和“A-B”分别体现空间和时间，我们就可通过考察这些实例中“C-C”与“A-B”之间的关系来考察时间与空间在语言中的关系。事实上，在此类结构中“C-C”与“A-B”确实可体现为时间或空间，如表 1.1 所示：

表 1.1　**时间与空间角度的复现结构分类**

时间框架	空间框架	类比框架
忽 A 忽 B	边 C 边 B	或 A 或 B
又 A 又 B	C 这 C 那	有 A 有 B
时 A 时 B	C 前 C 后	一 A 一 B
突 A 突 B	C 左 C 右	没 A 没 B
即 A 即 B	C 上 C 下	
	C 来 C 去	
	C 内 C 外	
	随 A 随 B	
	大 A 大 B	

① 方括号和曲线符号用作表达概念上的分组，与句法形式无关。

在此，框架项指具有一定抽象度的，又不指称任何实质性概念，且充当结构的常量规约组配，而相对应地，内容项为指称实质概念、充当变量的规约组配①。这种区分类似于语法项和词汇项目之间的区别，即前者表达认知表征的结构（structure）而后者则表达认知表征的内容（content）（Talmy 2000：21-24）。据此，在复现结构中"C-C"和"A-B"均可为框架或内容，但二者在充当框架和内容时总是以框架-内容组配的方式出现。当"C-C"由"或-或"、"有-有"、"一-一"、"没-没"等表达一般性范畴的框架充当时，"A-B"无论是表达时间或空间或时空组配，均为内容项。

对于一个具体的复现结构而言，则存在一个框架与内容相互切换的问题，也就是"C-C"组构"A-B"还是"A-B"组构"C-C"的问题。例如，在"跑来跑去"中是"跑-跑"组构"来-去"还是相反呢？请考虑下例：

（3）a. 边走边吃　　b. 说来说去　　c. 时高时低

在这些例子中"边-边"、"来-去"、"时-时"均不指称具体的内容，故而均为框架，而相对应地"走-吃"、"说-说"、"高-低"均具有具体的指称对象，故而为内容。以此来看，"C-C"或"A-B"在"CACB"中并不固定地充当内容或框架，而是在具体结构中具有灵活性。这种灵活性也体现在特定的结构中，例如：

（4）a. 这边那边，密匝匝的竹林毯子似的裹住了它心爱的傣家村寨。

b. 她边说边笑，那笑容，带着由衷的满足。

（5）a. 他们虽不能"的来的去"，但隔三岔五打一回"的"。

b. 我想来想去，想不出还有什么办法能查清这件事。

"边-边"在（4a）中表达实体的某个部分或方位，而在（4b）中则

① 框架的英文为"frame"，指语言表达中的一种抽象知识结构或图式，用作语义理解的参照（Fillmore 2006）。Moore（2006：228-229）曾指出，框架（frame）与域（domain）之间的区别：框架明晰地表达实体之间的关系，而域则不表达明晰的实体之间的关系。我们赞同这样的区分，但本书更强调语言规约层面。

提示两个过程的同时关系；“来-去”在(5a)中表达出租车相对于自我的运动方向，而在(5b)中则用作提示一类过程的变化情况，方向本身没有意义。这样，“边-边”和“来-去” 在(4a)和(5a)中充当内容，而在(4b)和(5b)中则充当框架。

更为重要的是在(4b)和(5b)中“边-边”和“来-去”两个空间结构均组构时间过程，前者表达同时后者表达反复持续。这说明，时间与空间的非对称关系体现在此类结构中。而在复现结构中时空的非对称关系是否仅此一种，这需要更为深入和广泛的考察。

1.4　问题的提出

既然在复现结构中复现对和对比对均能表达空间或时间，这就自然为从复现结构角度考察时空互动提出一个问题：在复现结构中是空间组构时间，还是时间组构空间。这个问题主要涉及时间的空间隐喻。

根据时空隐喻，时间的空间隐喻具有单向性，自然是空间组构时间，而非相反。然而，汇流证据均对时空的单向性投射提出了质疑：

一、虚拟运动不能简单地通过时空隐喻获得描写，此现象中时间与空间不分立，且组构方向不是空间组构时间，而是相反(Stocker 2014)；

二、时间具有多种角色，时间的空间隐喻只能解释内容性时间，而非处理时间(Langacker 2012a)；

三、从空间到时间的优势只限于视觉经验，而不适用于触觉经验(Cai & Connell 2015)；

四、时间的空间隐喻发生于框架层面，而非认知域层面(Moore 2006)；

五、时间的空间隐喻服从于物体这一终极源域(Szwedek 2011)；

六、在听觉任务中，时间持续和空间换位相互影响(Kranjec 2013)；

七、对脑损伤患者的研究发现，存在两组患者分别只能理解时空并置介词中的时间用法或空间用法(Kemmerer 2005)；

八、行为隐喻过程并非单纯的模拟，而是伴随着词汇抽象(Desai et al. 2011)。

以此看来，需要从语言现象角度重新考察时间与空间的关系，需要确认是否在语言中时间必须由空间来组构和表述。本研究选择的考察对象是"CACB"复现结构。如果要从复现结构角度考察这些关系的话，必须从框架-内容切换的角度重新审视这些时空互动。

"CACB"复现结构中一个最明晰的特点是"C-C"与"A-B"会形成一种组构关系，可能是"C-C"组构"A-B"，也可能是"A-B"组构"C-C"。如果"C-C"与"A-B"均为时间或空间，那么在结构层面则不存在时空互动。如果"C-C"与"A-B"分别体现时间-空间组配或空间-时间组配，则会发生时间与空间的互动。据此，如果"C-C"为框架，且为空间，而"A-B"为内容，且为时间，那么则发生空间组构时间，而如果"C-C"为内容，且为时间，而"A-B"为框架，且为空间，那么同样发生空间组构时间。而如果"C-C"为内容，且为空间，而"A-B"为框架，且为时间，或者，"C-C"为框架，且为时间，而"A-B"为内容，且为空间，那么则发生时间组构空间。

在复现结构的框架-内容切换中到底体现什么样的时空互动，需要进行深入考察，在此考察中时空隐喻的有效性需要进一步来验证。

1.5　研究方法

认知语言学范式体现为多样性，其方法也强调多样性的汇流证据。在认知语言学初创时，学者们采取的方法基本上是内省。随着认知语言学的发展，对实证的强调获得了加强，出现了量化实证转向(Janda 2013；张炜炜 & Liu 2015；张炜炜、刘念 2016)，这种趋势尤其体现在杂志 *Cognitive Linguistics* 的发表上。

本研究顺应认知语言学这种研究趋势，但同时强调传统方法与量化实证方法结合的必要性。之所以如此强调，是因为在认知语言学研究中除了认知语言学理论的构建外，还需要通过认知语言学研究范式解决汉语的一些特有的问题。在这个本土化过程中，内省研究方法因其受众面广更容易为语言学界所理解和接受，故而能更好地凸显认知语言学研究范式在解释汉语上的优势。同时，量化实证研究因其为科学世界中的主流方法，也是认知语言学发展到一定阶段的必然。虽然认知语言学的很多理念在草创时期主要采取内省的研究方法(见 Langacker 1987a；Talmy 2000；Goldberg 1995)，但其理论假设的可靠性必须经过量化或实证研究的检验。对此，Langacker(2016：470-472)主张，“量化方法的重要性不仅仅在于处理内省方法不能处理的重要事实，还在于其可作为质化研究中的独立证据来源。不过，虽然为了数字而数字的研究是无害的，但也没什么启示性”，“并且纯粹的量化会忽视语言结构的经验基础”。

鉴于此，本研究的具体做法是采取内省和语料相结合的方法考察汉语复现结构中时间与空间的互动问题。在认知语言学中，虽然近年来量化实证方法获得强调，但内省的方法依然获得延用(Yu 1998，2012；Moore 2006；Langacker 2012b)。一个基本认识是：质化研究是量化研究的基础。

认知语言学中的内省方法分为两种：定性和错句，例如：

(6) a_1. 山路时高时低。　　a_2. 这条河时宽时窄。

　　b_1. 一蹦一跳　　b_2. *一既一然

在(6a)中“山路”是静态实物，但却被描述成一个时间系列；“河”虽然是动态实物，其“宽-窄”的空间形态是一个同时存在的属性，仍然被描述成一个时间系列。这是通过内省来定性。在(6b)中“一蹦一跳”与“*一既一然”的差别是“一-一”可组构“蹦-跳”但不能组构“既-然”，这提示“一-一”对所组构的内容有特定的要求。这个要求通过错句的方式得以揭示。这样，定性内省和错句验证可揭示复现表达的不同特征。

内省不仅可单独揭示复现结构的特征，还可与语料库的结果相互印证。就例“*一既一然”而言，内省上不可接受，在我们所使用的 CCL 语料中也不存在，而“一蹦一跳”可接受，在 CCL 语料中也具有相当的频率表现。此外，内省与语料之间还存在更为复杂的关系(马书东、梁君英 2015)，例如：

(7)a. 哪来哪去　　　　b. 哪来□哪去

c. 哪来□□哪去　　d. 哪来□□□哪去

从直觉上看"哪来"与"哪去"之间的距离越近，越倾向于解读为"从哪儿来回哪儿去"，而距离越远，越倾向于解读为"哪儿来呢？哪儿去呢？"这种内省趋势在语料频率中能够获得支持，即"哪-哪"短间距上前者实例频率高于后者，而在长间距上则恰好相反。这样的结果实际上为考察复现结构中时间与空间的互动提供了新的方法。

简言之，本研究采取内省与语料结合的方法来考察时间与空间在复现结构中的互动。

1.6　研究意义

从理论意义上看，本研究意图厘清在语言中时空互动的类型，并检验时空隐喻在语言中的解释力和局限性。时空隐喻一直是认知语言学关注的焦点之一，但在此问题上并未达成共识。从近期的研究看，更多的证据显示时间与空间既存在对称性也存在非对称性，同空间一样，时间也可视为一种基本主观经验。本研究通过整理跨学科的证据来揭示时空互动的研究现状和理论不自洽之所在，以此来清晰框定时空隐喻在汉语中的解释力，并以此为基础，将研究视野扩展至更具有概括性的时空互动议题。

从研究对象上看，本研究扩大时间与空间互动的研究对象。长期以来，关于时间与空间互动的研究从现象上主要限于词汇层面。在以往的研究中往往关注空间面向与时间关系的研究较多，然而对于结构层面上的时间与空间互动则关注较少。本研究主要从结构层面考察时间与空间的互动，也就是将时空互动的研究扩展至复现结构上，以此从语言角度获取时空互动的新证据。

从研究方法上看，本研究创新性地尝试通过内省和语料结合的方法探究时空互动。在以往的研究中，从理论初创到实证检验的兴起，先后有各种不同的研究方法应用到时空互动的研究，其中包括内省方法和量化实证。内省方法虽然被指依靠个人内省，缺乏代表性，但其所揭示的现象不能完全为量化方法所涵盖。同样地，量化实证能提供内省方法所不能提供的语言事实证据。方法的选择需要依据其所揭示的问题。本研究主要面向时空互动在汉语复现结构中的规约问题，故而选择内省与语料相结合的方法。

从应用的角度看，本研究从一个新的角度揭示复现结构在使用中的一些倾向性，这有助于语言习得。复现结构中的一个显著特点是各种复现结构实例相互交叉，这些相互交叉的表达即使对于汉语母语者来说，有时区分起来也存在困难，而对于汉语作为二语的学习者来说，则更为困难。通过考察复现结构中时间与空间互动，也会揭示复现结构的概念表达限制，以此可一定程度解释复现结构的使用倾向，这样可更好地服务于汉语的二语习得。

1.7 结构安排

本书分为七个部分。在第一部分的引言中，主要涉及研究的选题、对象、依据、背景、方法和意义。在第二部分中，结合复现结构的使用，回顾时空互动在语言中的表现，这主要涉及对空间域和时间域的界定，以及各种时空互动的阐述，其中包括时空相关、时空类比、时空依存、时空转喻、时空隐喻和时空整合。第三部分则详细阐述本研究使用的内省与语料结合的方法及其操作步骤，以及对考察对象的界定和提取。第四部分到第六部分是本研究的主体内容，以例证和语料相结合的方式选择特定复现结构作具有针对性的考察，主要关注各种时空关系在所选定的复现结构中的具体体现。在这三个章节中会分别呈现空间作为时间框架的复现结构(第四部分)、时间作为空间框架的复现结构(第五部分)、时间与空间共享的类比复现结构(第六部分)。在第七部分中，我们给出本研究的结论，指出本研究的局限，并展望未来的研究前景。

2 时空互动与复现结构

时间和空间是两个主要的认知域(domain)(Talmy 2000：42)。从认知域角度看时间和空间均不能简化为彼此或其他认知域，故此应视为基本认知域(Langacker 1987a：148-149；Croft 1993/2002)。既然认知域为语义解读的语境，自然，时间和空间也均可为语义的语境。

2.1 空间域

空间域主要涉及物体、物体间关系和物体运动三个方面。

2.1.1 空间域的范围

首先，在空间域中存在空间与空间关系之别。Kant(1998/1781：A24/A25)认为，“空间不是一个来自于外在经验的概念，空间是所有外在直觉的基础，是先验性的表征，空间不是关于实体间关系的一般性概念，而是纯粹的直觉”。也就是说，Kant 认为，空间是非经验的，是先验的，是一种超验的存在。不同于 Kant 的超验论，Lakoff & Johnson(1999：30)则主张，“空间关系是概念系统的核心，是空间之所以有意义之所在。空间关系用作描述空间形式，界定空间推理，但并非外在世界的实体。我们并不能如感知实体一样感知空间”。可以看出，Kant 主张空间与空间关系分离，而 Lakoff & Johnson 则主张空间关系是空间的重要内容。Lakoff & Johnson(1999：36)进一步主张空间关系具有具身性(embodiment)，即空间关系由人的知觉、运动和行为等基本经验所塑造。无论争论如何，当讨论空间域时，我们不能回避物体和空间的关系。

在空间域中，物体具有稳定性、恒定性，具有可触控、可观察性，能为主体所感知。但这并不意味着物体本身是纯粹客观的。设想观察一个三维立体的人，单独从一个角度我们永远看不到一个人的实体全部，毕竟总是有人的一部分是隐藏在另一部分的后面。重要的是，这种限制并不影响我们将人视为立体的实物。这提示物体本身依然具有抽象性(Gibson 1975：295)。但问题是，讨论物体的三维性本身就预设空间。事实上对于空间的界定也离不开这种想象的三维物体。Levinson(2003：64)就认为，"空间基本上是关于物质的三维性"。

对于人类而言，在三维空间中需要解决的问题是实物的定位。比如说，我们自身在哪儿，我们观察到的物体在哪儿。为了解决物体定位问题，就必须预设一定的空间关系，也就是说必须将目标物体与参照物体之间建立起某种关系。这种空间参照关系体现在语言中。在语言中存有并存(coincidence)和协同(coordinate systems)两种空间定位策略，如图2.1(Levinson 2003：66)：

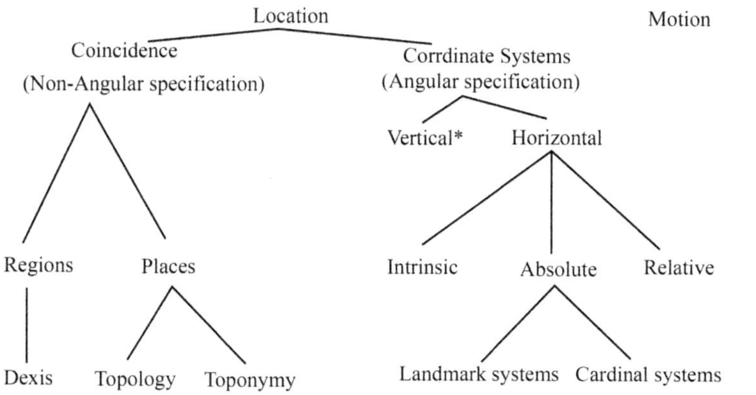

(*The vertical dimension is divided off here for practical reasons–it shares the same major divisions into intrinsic, absolute and relative.)

图2.1 空间语言表达中主要的空间关系分类

并存系统不体现空间角度，而协同系统则具有精确的角度。前者包括区域和方位，并进一步细分为指称、拓扑和地名，后者包括水平和垂直系统，并进一步细分为内异的、绝对的、相对的空间关系，这三种关系体现在儿童语言习得的不同阶段(Shusterman & Li 2016)。类似地，Talmy(2000：181) 指出三种静态空间属性：物体的样态；物体间的位置关系；物体间的格式塔布局。

具体来看，这些关系体现在汉语中的常规词汇中，总结如下：

指称：这、那

拓扑：内、外、远、近、大、小、圆、扁、高、低、粗、细、长、短、厚、薄

水平/垂直：前、后、上、下、左、右、东、西、南、北

这些表达在复现结构中会成对共现，如下：

指称共现：C这C那

拓扑共现：C内C外、C远C近、C大C小、C圆C扁、C高C低、C粗C细、C长C短、C厚C薄

协同共现：C前C后、C上C下、C左C右、C东C西、C南C北

这些具有一定规约度的表达中存在一个普遍趋势：空间的两极成对共现。非同一维度上的共现，例如“东南”“西北”“左上”“右下”之类的表达，虽然也可能会使用，但是在复现结构中则基本难以见到。这说明在语言规约化中对概念的组构方式存在选择性。这种规约化的选择性体现在，即使某些空间关系为经验常识，也未必能规约化为成对共现，请考虑两小儿辩日的典故：

孔子东游，见两小儿辩斗，问其故。

一儿曰：“我以日始出时去人近，而日中时远也。”

一儿以日初出远，而日中时近也。

一儿曰：“日初出大如车盖，及日中则如盘盂，此不为远者小而近者大乎？”

一儿曰：“日初出沧沧凉凉，及其日中如探汤，此不为近者热而远者凉乎？”

孔子不能决也。

两小儿笑曰：“孰为汝多知乎？” 《列子·汤问》

“远小近大”或“近大远小”在CCL现代汉语语料库中仅存两

例，而"远冷近热"或"近热远冷"在语料中则并未出现。

另外一个使用倾向是，在空间两极共现的情况下单一的方位指称表达在汉语中难以重复。例如，"这山这水""那山那水"在语料里的频率很低，分别为2次和5次，均可接受；"右肩右腿""左肩左腿"虽然均可接受，但是在语料库里并未出现。另外，规约也有来自身体属性的限制，"？前心前肺""？后心后肺"均难以接受，当然，在语料里也未有频率表现。

空间方位共现的使用劣势不仅体现在空间经验本身，还体现在运动经验中，例如，"跑这跑那""跑东跑西""跑前跑后"是自然的表达，而"？跑这跑这""？跑那跑那"则难以接受。简言之，在规约化的复现结构中空间存在两极性共现使用倾向。

这种两极性复现结构是本研究关注的核心。此类复现结构还体现一般意义上的完整性认知过程。请考虑图2.2：

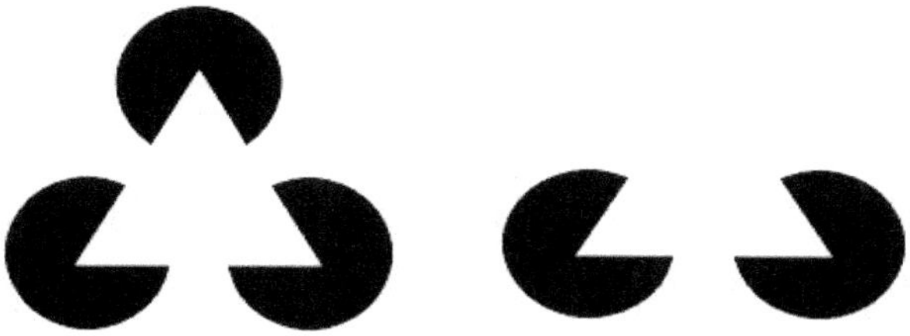

图2.2 三角格式塔和半三角格式塔图解

我们可将图2.2描述为一个三角形。这个三角形并非是由完整的线条组成，而是由内陷的圆形缺口组成。尽管线条上的残缺，我们仍能想象出两个图形的白色会形成一个想象的三角形。这种基于部分而想象出整体的完整性也体现在复现结构中，例如：

(1)他深情地爱着这里的一草一木，一山一水。

在此，"一草一木"或"一山一水"虽然只是在字面上提示两个或两类实体，但是我们却能解读出全部草木或山水之义。这样看来，语义概念内容更多体现一体化的主观空间关系，至于超验空间在语言描写中则并不十分相关。

另外还存在物体与空间之分。Lakoff & Johnson(1980：244)将空间与物体区分表述，也就是“domains of space and objects”。Talmy(2000：177)也有类似表述，即“space and the objects”。尽管在表述上物体和空间是区别的，但是离开空间则不能理解物体，而离开物体也不能理解空间。空间与物体之间的关系实际上可以理解为一种格式塔整体关系。这使得在我们讨论空间时不得不提及物体。

Szwedek(2011：348)曾指出，“空间经常被误解为物理实体，实际上，大多数学者当提及空间时，也将空间和物体联系在一起，并且将物体视为空间中的参照点”。从理论构建上看，我们必须区分物体和空间。物体是物体，是说一个物体区别于其他物体，具有离散性；空间则是物体所占据之处(cf. Szwedek 2011：349)，或者称之为方位。只有建立在相互区别基础之上才可讨论相互之间的关系。

物体和空间之间的关系体现在复现结构中，例如：

(2)a. 这房子的地势高出村庄，房前房后散布着稀疏的杨柳。

b. 桌上桌下堆满了书本、报章。

c. 眼前一片通红，溪左溪右的树林均已着火。

当指称“前-后”“上-下”“左-右”时，需要指称“房”“桌”“溪”这些实物作为参照。当然，也存在指称物体需要空间方位作为参照的例子：

(3)a. 伤号的前胸后背，上肢下肢，全被烙铁烙焦了。

b. 赵敏只觉自己左颊右颊上被一只手掌摸了一下。

c. 一辆辆出租车都冲洗得干干净净，前窗后窗贴个偌大的“喜”字。

当指称身体的两个部位或两个实体的两个部分时，需要以上下、前后、左右的方位为背景。这种方位和物体之间互为背景的切换只是对整体情景片段的截取，体现在空间协同关系上就是物体与空间的依存性。

除了这种协同空间关系外，复现结构还体现并存空间关系，例如：

(4)室内室外/？内外/？室/室内/室外一点声音都没有，一根针掉地下都听得见。

在“室内室外”中“室”分隔出两个空间，分隔出的空间并非指向具体的方位。如果将“室-室”省略的话，则整个句子显得不完整，这表明“内-外”空间对实物“室”本身的依赖。相反地，如果省略“内外”，则也不可接受，需要加上“内”或“外”方可接受。这均提示空间与物体之间存在依存关系。

空间与物体之间的关系还体现在语义演化上。Heine(1991：123；1997：44)指出，英语“back”从身体部位演化为空间关系存在四个阶段：

阶段Ⅰ：身体区域　　阶段Ⅱ：实物区域

阶段Ⅲ：与实物接触之区域　　阶段Ⅳ：实物邻近之区域

如图2.3所示：

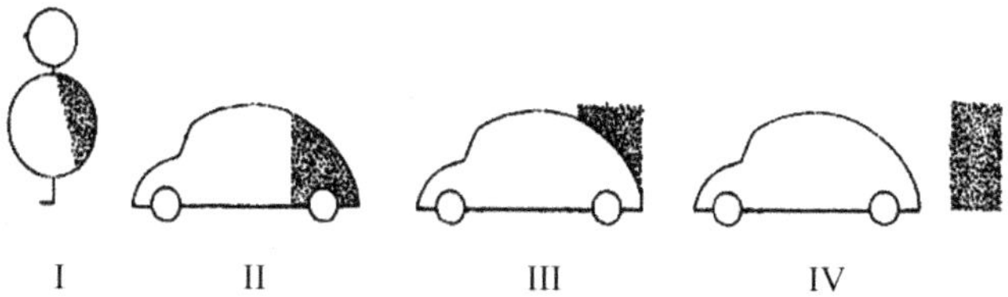

图2.3 英语back空间语义演变图示

这种不同的演化阶段在汉语复现结构中会以共时性的方式出现①，例如：

(5)a. 没看见厕所倒不要紧，一看见厕所突然就觉得前面后面一起紧张起来。

b. 是不是前面后面都要挂一张牌照？马尾巴遮住了牌照算不算故意遮挡牌照，要扣马？

c. 冕，它的上部有一块板，这块板叫延，延的前后要垂着珠串，用珍珠一串一串地串起来垂在前面后面，这个东

① 晋小涵、齐振海(2007)对“面”的空间关系进行了分析。

西叫旒。

d. 我发现咖啡馆多设在街头或街尾，或中央。有时前后都有，或前面后面旁边一连几家。

“面”从词源上看表达脸部①，其可扩大为指称身体其他区域，如(5a)所示，也可扩大为实物的某个区域，如(5b)所示，甚至可表达与某个实体接触的区域，如(5c)所示，以及某个实物的邻近区域，如(5d)所示。这均表明物体与空间方位的紧密关系体现在复现结构中。

最后，空间域中物体会体现一种动态过程(Langacker 2012a)。请考虑下例：

(6) a. 云团时大时小。

b. 云团时高时低。

(6a)描述“云团”的尺码变化，而(6b)则描绘“云团”的位移变化②。其中，云团从大到小或从高到低的反复均由“时-时”标记。虽然字面上只是提及“大-小”或“高-低”两个对立状态，但是却表达空间样态或位移的一系列调整。在此，物体、空间和时间实际上形成一致性的协调。

这种一致性的协调最明显地体现在物体的运动中，例如：

(7) a. 那交子飞上去叼回钱来四爷不张手，它只好绕前绕后/*绕来回飞。③

b. 在磕磕绊绊中，她终于找到了感觉，能将几十斤重的货搬上搬下/*搬④。

c. 他们又是用眼观察，又是用钢尺测量，跑左跑右/*跑，忙得不亦乐乎。

在(7)中所有的语境均都提示一种持续的位移变化，其中表达

① 本文中的汉语词源均参照汉典，网址为：www.zdic.net，不再另作说明。

② 虽然很多研究都假设运动是空间的运动，但从概念上来说，在运动经验中不能将时间从空间中剥离(具体参见2.3节)

③ 斜杠前为原有表达，斜杠后为替换表达，全文均以此方式处理例句。

④ 此类错句除了概念上的动因，也存在动词长度上的规约动因。

持续的复现结构需要与相应的空间方位共现，一旦省略空间方位，则不能简单地用“绕”“搬”“跑”之类的简单动作替代，否则整句显得不自然。这提示运动是空间中的运动，运动与空间本身具有一定的规约关系。

简言之，在本研究中所使用的空间域涉及物体、物体或空间关系和物体运动，这些方面均以不同的方式体现在复现结构中。

2.1.2 空间参照框架

在现实生活中对某个特定物体的定位需要参照另外一个物体，这些不同物体的方位则构成一个用作定位或指称其他物体的框架。在没有参照框架的情况下，不仅不能定位方位，也不能识别运动。设想，一个人在飞机上，如果不去看窗外的风景，也没有出现过气流的震荡，是感受不到飞机和自身处于运动状态的。

在语言中，空间参照框架(spatial frames of reference)由自我和物体之间的关系构成，可用作定位要指称的物体。Levinson(2003：55)提出，空间参照框架包含三种关系：内异、绝对和相对，如表2.1所示：

表2.1　　**Levinson的空间参照框架分类**

<table>
<tr><td>内异的</td><td>绝对的</td><td>相对的</td></tr>
<tr><td>原点≠自我</td><td>原点≠自我</td><td>原点=自我</td></tr>
<tr><td>以物体为中心的内异视角</td><td>以环境为中心</td><td>观察者为中心指称视角</td></tr>
<tr><td colspan="2">非自我中心</td><td>自我中心</td></tr>
<tr><td>面向自由</td><td colspan="2">面向限制</td></tr>
</table>

内异性空间关系以物体的固有特征作为参照，绝对性空间关系以环境为中心参照，而相对空间关系以自我为中心参照。Bender & Beller(2014：348)对此进行了图解，如图2.4：

在图2.4a中东西南北构成一种绝对空间框架，以此为基础可定位猫在车的东面；在图2.4b中车自身在不同的侧面具有不同的

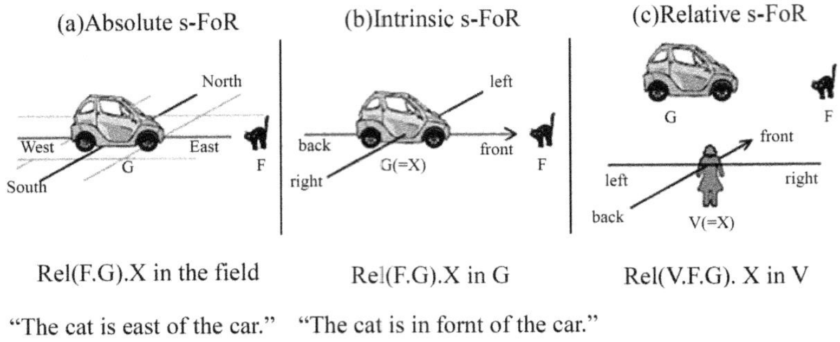

图 2. 4　绝对、内异和相对空间关系图解

特征，其前后左右由车的不同侧面特征决定，以此为基础可定位猫位于车的前方；在图 2. 4c 中存在三个物体：自我、车和猫，既可说猫在自我的前方，也可说猫在车的前方，这样，确定猫的方位的参照体可选择，在此，猫的定位是相对于参照体而言的。

需要注意的是，此空间参照框架更多是语言系统的空间框架，而非认知系统上的空间参照系。Levinson(2003：63)指出，"认知系统的参照系会具有欧式几何性质的距离精确性，而在语言中则完全不需要这种精确性，只是一个抽象的、拓扑式的框架"。Levinson 对空间关系的分类主要是为了考察 Sapir-Whorf 假设，其发现是，英语母语者倾向于使用观察者为中心的相对空间关系，而某些群体则倾向于绝对空间关系。Li & Gleitman(2002)则对此提出质疑，指出语言词汇并非是空间推理的决定性因素。尽管存在争议，但共识是绝对和相对空间关系体现在语言表达中。

这种抽象意义的空间参照框架也体现在复现结构中，例如(自造句)：

(8) a. 我的<u>身前身后</u>都是人。
b. <u>车前车后</u>都是人。
c. <u>房东房西</u>都是人。

在(8a)中参照体是观察者的"身"，身体的性质决定"前-后"的空间关系；在(8b)中参照体是"车"，其本身的属性也能决定"前-

后”的空间关系；在(8c)中“东-西”与作为参照体的“房”本身的属性无关。

Levinson 的三种空间参照框架只是静态的，而当其涉及运动物体时，则体现动态空间参照框架。Tenbrink(2011：714)指出运动在空间中的表现如下：

1. 运动方向作为视角　　　　2. 从某处运动至目标位
3. 从原点运动至目标位　　　4. 从参照位运动至目标位

这些动态框架也体现在复现结构中，例如：

(9)战士们不顾浑身沾满的鲜血、污泥和长途行军的疲劳，在医院里跑上跑下。

(10)王永海跑乡跑县，跑政府跑银行，以一个农民的真诚打动了方方面面。

(11)起初公司没有汽车，他们以自行车为交通工具，跑东跑西。

(12)他整天在边防线上跑来跑去的，不容易啊。

在(9)中“上-下”由“楼”的内异性特征决定，其用作标记“跑-跑”运动的任何地点；在(10)中“乡-县”标记“跑-跑”从一个方位运动到另外一个方位，运动以某个特定的方位为参照，其可通过列举更多的方位来表达任意方位；在(11)中“东-西”实际上标记主体从原点运动到任何位置；在(12)中“来-去”标记从原点到任何方位的运动。这样，在复现结构中持续运动与任意方位相互匹配。

简言之，空间域涉及物体、物体或空间关系和物体运动等内容，其在语言中体现为参照框架。

2.2 时间域

时间域主要涉及事件、事件关系和抽象时间。

2.2.1 时间域的范围

在哲学上关于时间存在超验和经验两个视角。Kant(1998/1787：B46)认为，“时间并非是来自于经验的实证性概念，同时和相继如果不是以时间表征作为先验知识或背景则不能知觉”。也就是说，时间是先验性的知识结构。相对应地，Lakoff & Johnson (1999：138)则主张，“时间经历依赖于从事件角度对时间的具身性概念化”①。也就是说，时间基于事件而存在，是经验性的。经验角度的时间源于对事件的观察，也就是一切基于时间的判断都存在一个定义时间的事件(time-defining events)(Lakoff & Johnson 1999：150)。概括地说就是：时间不可观察；时间来自于反复事件的比对；事件反复代表时间间隔；时间是事件属性 Lakoff & Johnson(1999：138)。

虽然人没有像观察运动一样的专门器官来感知时间，但是人类能感知时间，比如，人能感知到三种生物时间(biological time)：个体生命跨度，生物演化和生物体节律(Klein 2009：13)。这种主观经验的时间与测量意义上的客观时间存在着不同，前者存在个体或语境差异，而后者则具有相对稳定性。时间的这种主观性存在着实证证据。例如，Rammsayer(1997)的研究发现，外向性格的人比内向性格的人更倾向于过高估计时间长度，其对时间的估测也没有内向性格的人精确。Pouthas & Perbai(2004)发现，时间的判断受注意和记忆影响。Duffy & Feist(2014)则证实，大学生倾向于采取自我运动的视角看待时间，而管理者则倾向于采取时间运动的视角看待时间。

时间的主观感受也体现在语言表达中：

(13)a. 一路上，他们边说边笑，一上午的时间也没觉得很长。

b. 一路上，身上又酸又疼，一上午的时间很漫长。

从客观测量角度看，在(13)的两个自造句中“一上午”的时间长度没有改变，但对于主观感受而言，轻松的经历使得时间感受变短，而痛苦的经历则使得时间感受变长。

Galton (2011：698)和 Evans (2013a；2013b)将这种主观经验上的时间概括为瞬时性(transience)。瞬时性的具体实例如“Here today, gone tomorrow”“You only live once”“Time and tide wait for no

① Jamrozik et al. (2016)认为，隐喻是具身性和抽象性的桥梁。

man”“时不我待”，等等。也就是，在某个特定时刻我们能主观感受到时间的流逝。

这种主观经验中的时间存在两个系列：A-series 和 B-series (McTaggart 1908)。Bender & Beller(2014：346)对两种时间进行了总结，如图 2.5 所示：

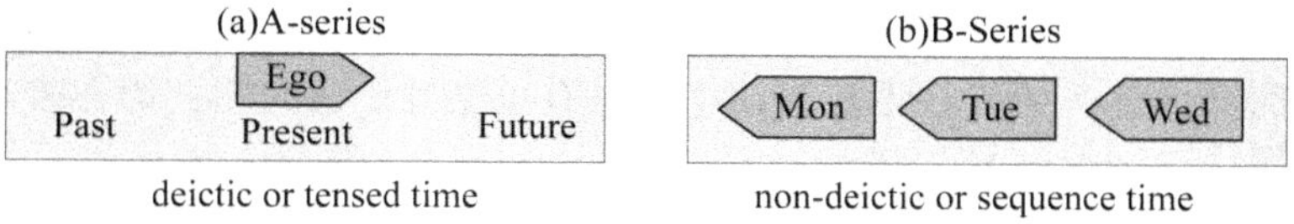

图 2.5　时间的 A-系列和 B-系列

A-系列是一种指称时间，表达过去、现在和将来，而 B-系列是非指称时间，表达事件间的早-晚或先后关系。在前者中时间关系相对于观察者所在的时间，在后者中时间相对于所参照的事件。

在这两类时间中，缺乏一个重要的时间类型——同时(Evans 2013；Radden 2011；Klein 2009：17)。正是因为同时，时间的测量才有意义。我们之所以能够测量一个音乐会时间的长短是钟表的事件和音乐会事件的同时发生。当然，同时也可成为语言表达的结构义，请考虑下例：

(14)a. 那天，席间高兴的宋子文<u>又说又笑/边说边笑/一会说一会笑</u>，一连吃了十几道菜。

b. 两人<u>且说且笑/边说边笑/一会说一会笑</u>。

“又-又”和“且-且”均可视为组构两个同时发生的事件，二者均可为“边-边”所替代而不影响实质语义的表达。然而更为有意义的现象是，这种同时的解读实际上也可以解读为系列，例如“又-又”或“且-且”也可为“一会-一会”所替代，表达“说-笑”的相继性反复。

这里关键的问题是，何以同时与相继可歧义性地并存。核心的因素是，事件的虚拟性反复。在“说-笑”共现的经验中，“说-笑”可以反复进行，各个“说”和各个“笑”之间交替进行，间隔的时间可以忽略不计，或难以觉察，结果是同时和系列相互转化。也就是，事件的反复会消减相继和同时在表达中的区分度。

另外，反复还可消减事件的不可逆性，例如：

(15)军乐轰然响了起来，孩子们又跳又喊/又喊又跳。

当置换“喊”与“跳”的顺序之后，并不影响语义的表达。一般而言，当说话人报告“又跳又喊”时，该事件系列已经发生，但这个顺序并没能体现在“又-又”的表达上。这种不可逆性是一种基本的时间属性，但是在语言表达中却具有可逆性。这说明，语言表达与经验中的时间是不同的。

对于主观时间的主要类型，Evans(2013：408)总结如表 2.2：

表 2.2　**瞬时性类型**

瞬时性类型	描　　述
持续	主观感受到的时间流逝
相继	主观感受到的早晚经验
异向	主观感受到的现在、过去和将来内在的非对称性

瞬时性为时间的区别性特征，具体则分为三种类型：持续性(duration)、相继性(succession)和异向性(anisotropicity)。这三种类型分别涉及不同的参数如图 2.6（Evans 2013：409)：

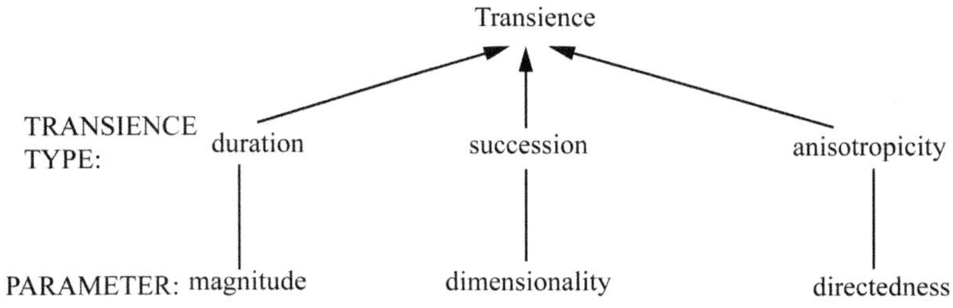

图 2.6　瞬时性的参数

持续可用量级来描述①，例如，“他等来等去一个小时过去了”，在此，“一个小时”标记“等来等去”这一持续过程的时间长度。而相继性则用维度来描述，“上午下午”或“前天后天”可接受，而“＊前午上天”则不可接受，在此，对同类时间表达的描述需要在一维而非三维上进行②。时间的异向性是指时间过程的可逆性，例如：

（16）路也越来越难走了，一走一滑/＊一滑一走。

先有走的动作，之后才能有滑的结果，二者如果反过来表述则不能接受，这是由时间的不可逆性决定的。

在此基础上，时间存在三种表现：变化、频率、同步，如表2.3（Evans 2013：409）所示：

表2.3 **时间种类**

时间的种类	描　述
变化	两个状态在不同时间段的比较和意识
频率	在不同时间段经验数量或经验类型的确认
同步	两种经验或经验类型在相同时刻出现的意识

简言之，变化是状态在不同时间段的对比；频率是经历在不同时间段内的重复；同步为两种经历在同一时间段内的出现。

总之，本研究关注的时间域涉及事件、事件关系和抽象时间，其中事件涉及行为、变化、过程，等等③。

① 时间、空间和量级在很多研究中被视为不同的表征范畴。Lawrence（1975：197）将用数量表达时间也视为一种隐喻。Walsh（2003）则主张量级是空间和时间的共享维度。而时空量级和时空隐喻对时空互动具有不同的预测，前者预测时空对称，而后者预测时空不对称（Winter et al. 2015）。

② 在此我们主要关注时间在语言中的表达，不涉及物理意义上的时间弯曲。

③ 这个广义界定涵盖Lakoff（1993：220）区别对待的时间与事件。

2.2.2 时间参照框架

为确认某个特定事件的时间位置，我们可使用时间参照框架（temporal frames of reference）：指称的（deictic），系列的（sequential）和周期的（periodic）（Kranjec 2006；杨晓红、张志杰 2010；Zinken 2010；Evans 2013a；Huumo 2015）。指称性时间参照框架是以说话人的时间为参照点的时间定位，这涉及现在、过去和将来的时间关系；系列性的时间参照框架是以某个特定事件所在时间为参照时间的时间定位，这涉及时间的早晚、先后关系；周期时间参照框架是事件的时间定位需要参照外在的周期性变化。

从指称时间框架角度看，某些复现结构对过去、现在和将来表现出不同的倾向性，例如：

（17）a_1. 中国文化与过快的经济发展需要一个或长或短/＊有长有短的磨合期。

a_2. 他们会或长或短地/＊有长有短“美美”地睡上一觉。

b_1. 这一去的时间或长或短/有长有短，短则半小时，长则从上午等到下午。

b_2. 他们每年都会回到瑞诗凯诗，或长或短/有长有短的几个月。

在（$17a_{1\text{-}2}$）中当时间背景是未来时，“或长或短”不能由“有长有短”所替代，而在（$17b_{1\text{-}2}$）中当时间背景为过去时，“或长或短”可由“有长有短”所替代。

在系列时间参照框架中，某个事件被选择为指定事件的参照事件，例如：

（18）a. 无论刮风下雨，不管酷暑严寒，他随叫随到。

b. 香油即榨即卖亦算不上是什么新闻了。

在（18a）中，“叫”是“到”的参照时间；在（18b）中，“榨”是“卖”的参照时间。这些时间关系并不预设与说话人时间点相关。

周期时间参照框架也体现在复现结构中，例如：

（19）a. 军乐轰然响了起来，孩子们又跳又喊/又喊又跳。

b. 第三杯喝下去后，人人精神振奋，谈笑风生，于是会议边喝边聊/？边聊边喝，谈茶的历史，茶的品种，茶的功效，茶的文化。

在(19a)中"喊-跳"作为反复性交替的动作在注意层面上具有均等的地位，为此，将"又跳又喊"换成"又喊又跳"则不影响其使用。然而，在(19b)中"喝-聊"则具有不对称的关注度，整个表达需要强调的是"聊"的反复行为发生在"喝"的反复过程中，也就是"聊"的动作以"喝"的周期行为为参照。为此，将"边喝边聊"替换为"边聊边喝"则整句显得不自然。另外，作为周期性事件的"边喝边聊"也可以作为其他事件的参照，例如：

(20)两个人边喝边聊的时候，不知是谁打了一个电话。

周期性的"边喝边聊"作为"打了一个电话"事件的时间参照事件。

简言之，时间域涉及事件、事件关系和抽象时间，在语言中会表现为时间参照框架。既然运动也体现时间(Moore 2016)，那么这种广义界定使得运动为时间域和空间域所共享，结果是，时间中有空间，空间中有时间。为此，时间域和空间域只是两个探索式的提法。要了解二者之间的准确关系，我们则需要关注更为具体的互动关系。

2.3 时空相关

虽然时间与空间具有各自的属性，但在运动经验层面上，二者具有相关性（Lakoff & Johnson 2003：266-267；Lakoff & Johnson 1999：166-167；Grady 1999；Tyler & Evans 2003：32-35）。Lakoff & Johnson(1980：58-59)指出，"'时间是运动物体'隐喻的基础是朝向我们运动的实体与该实体到达我们所花费的时间之间的相关"。这种经验上的时空相关体现在复现结构中：

(21)a. 海上的波浪时起时伏。

b. 皎洁的月光下，竹笛伴着歌声时起时伏。

"波浪"作为物理实体，其自身的运动变化与所消耗的时间直接相关，这种相关由"时"与"起/伏"的一一组配标记，如(21a)所示。这种视觉事件也可用作描述听觉事件。例如，在(21b)中“歌声”传播的节律变化被描述成一个空间高度上的变化，在这种表达中存在一个对应模式：

空间域		声音域
物体	→	声音
向上(起)	→	出现
向下(伏)	→	隐没
物体变大	→	声音变大
物体变小	→	声音变小

在此，“声音”被视为“物体”，声音的出现是空间中物体向上运动，而声音的隐没则是空间物体的向下运动，声音的变大是物体的变大，声音的变小是物体的变小。而“时-时”提示物体运动和声音过程的类比属性是时间，即二者的发生均需占据一定的时间。既然这种类比时间在运动与声音之间的协同变化伴随空间方向与时间长度的协同，这说明在(21b)中存在时间与空间的动态相关。

这种动态相关甚至可以独立于运动或变化而存在，例如：

(22)远处的山脉时高时低。

“山脉”本身是静态的，在所描述的情景下不具有变化或位移的特征，但却被描述成一个动态的变化过程。在这个过程中时间已经抽象为一种虚拟的主观处理过程，充当一个组构空间状态的角色。在这种情况下，时间本身并不是作为经验域而存在，而是作为处理过程存在(Langacker 2012a)。但我们仍然可推测出这种处理时间出现的经验基础是时间与空间在运动上的相关。设想一个人闯过山脉的情景，伴随着此人在空间上的上/下交替运动，并最终到达目的地，例如：

(23)在山上行驶的车，时上时下，很长时间才到达平原。

“时上时下”预设运动，但在虚拟运动中这种实质性的运动事件可不在即时情景中出现，时间经历体现的是假想中的一个移动的观察者(a moving viewer)(Langacker 2008：528-529)在山脉上运动，并伴随垂直空间方位上的变化。

这种虚拟时间在复现结构中具有多种表现形式，例如下列自造句：

(24) a. 在山上行驶的车，有时上有时下，颠簸得厉害。

b. 在山上行驶的车，或上或下，颠簸得厉害。

c. 在山上行驶的车，一上一下，颠簸得厉害。

d. 一路上，有时遇到高山有时遇到低谷。

e. 一路上，地势时高时低。

此类实例从时空互动角度可有两种描述：时空相关和时空隐喻。从时空隐喻的角度看，该表达直接提示"时间是空间位置"①，毕竟"高-地"指派具体方位的高低。但问题并没有这么简单，毕竟"时-时"提示时间，并且不同于抽象自事件的时间。抽象自事件的时间本身必须指向事件，然而在此，并不存在指称的事件，这种时间本身是虚拟的，描述的是一种主观过程。

对此类现象的描写存在着理论上的竞争。Stocker (2014) 认为此类现象中空间中有时间，时间中有空间，为此，不能用预设时间与空间分立的隐喻来描写，而应该用时空相关来描写。Stocker 的基本主张是，在认知过程中时间作为空间的系数，据此，存在事体认知时空 (object spacetime) 和事件认知时空 (event spacetime) 两种时空相关，如图 2.7 所示：

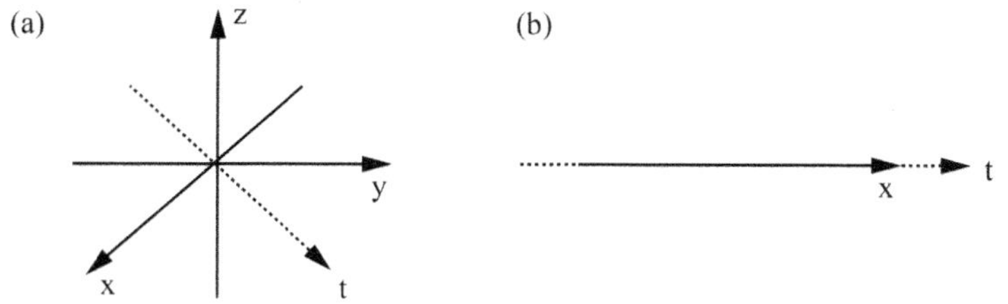

图 2.7　认知时空

① Moore (2006：200) 指出存在"系列是路径上相对位置" (SEQUENCE IS RELATIVE POSITION ON A PATH) 的隐喻。在复现结构中，系列可为时间或事件。

在事体认知时空中存在一个三维空间 xyz，另外存在一个非空间的系数 t，也就是时间作为第四维度 t。在事件认知时空中存在一个一维空间 x，而时间 t 作为此事件在空间中延展的系数。在此两种空间中，时间的取值既可是零也可是非零。

在认知时空下，事体和事件的描述将被视为同一的时空相关过程，例如：

(25) a. 这条路没头没尾。

b. 这件事没头没尾。

在这两个例子中"没-没"形成一个框架，这个框架在(25a)中否定"路"的空间延展存在尽头，而在(25b)中则否定事件(event)的延展也存在尽头。

时空相关可用作解释复现结构中的一些现象(马书东、梁君英 2016)，请考虑下面的例子①：

(26) a. 他跑呀跑，跑了三个小时。

b. 他跑着跑着，跑进了深山。

c. *他跑上呀跑上，跑了三个小时②。

d. *他跑上着跑上着，跑进了深山。

在"跑"的一维事件中，当表达持续时其复现往往排斥空间方位的共现。当然，这并非是说持续运动中并不以空间背景为参照，而是说时间与空间在表达上存在一定的分离性。这种分离性可通过事件认知空间获得描写，即持续性 t 的延展并不伴随空间距离 x 的变化。这在现实中其实也是存在的，设想一个人在跑步机上奔跑，无论跑多久，实际上其相对跑步机仍然处在原位③。

① 从(27)到(30)的例子均来自(马书东、梁君英 2016)。需要说明的是，某些实例并非"CACB"范围，只是与我们在此关注的时空相关更为密切，故而作简要回顾。

② 我们的实例基于普通话。事实上，在方言中动词与空间方位也可复现，例如在湖南方言中，"摆下摆下"意味"稍微摆下"(蒋协众 2015)。但这种短时持续类似于重叠，与我们关注的复现结构所表达的持续有差别。

③ 在此，跑步者相对于皮带则发生了位移，但这是另外一个相对运动维度。

这种描述也可用作描写“吃”与“吃-实体”之间的差别，例如：

(27) a_1. 我吃呀吃，就是不饱。

a_2. *我吃饭呀吃饭，就是不饱。

b_1. 我吃着吃着，感觉困了。

b_2. *我吃饭着吃饭着，感觉困了。

c_1. 我们只是出去吃了吃饭。

c_2. *我们只是出去吃饭了吃饭。

d_1. 你吃一吃药，就会好。

d_2. *你吃药一吃药，就会好。

(27)表明“吃+实体”不能复现以表达持续，而“吃”则可复现表达持续。对此的描述是，当“实体”明示时，在事件认知时空中存在认知事件的时间性降低而空间性提升的相关。这种相关的进一步证据如下：

(28) a. 我去跑跑步。　　　　b. *我去跑步跑步。

c. ？跑是很好的运动项目。d. 跑步是很好的运动项目。

在(28)中“跑”能重叠以表达短时持续动作，但不能充当主题实体，而相对应地，“跑步”则不能重叠来表达持续，但可充当主题实体。这种现象说明，“跑”比“跑步”在复现中更具有时间性，而相对应地，“跑步”则具有空间性或物体性，二者在“跑”认知事件上呈现负相关。

这种时间性与空间性的负相关现象也体现在复句性的复现结构中，例如：

(29) a_1. 一换再换　　　　a_2. ？一换下再换下

a_3. *一下再下　　　　b_1. 一拖再拖

b_2. ？一拖他再拖他　　b_3. *一他再他

在(29a)中过程性或时间性的“换-换”难以由“换下-换下”来替换；在(29b)中“拖-拖”难以用“拖他-拖他”或“他-他”作为替换。这种替换的限制源自于概念上时间性降低而空间性或实体性提高的变化。

另外一类体现时空相关的复现结构是条件性复现结构，在此类结构中，前半句与后半句形成条件关系，如：

(30) a_1. 让干啥就干啥　　a_2. 让干就干
a_3. ＊让啥就啥　　b_1. 能说啥就说啥
b_2. 能说就说　　b_3. ＊能啥就啥
c_1. ＊能忍你则忍你　　c_2. 能忍则忍
c_3. ＊能你则你　　d_1. 想做啥就做啥
d_2. 想做就做　　d_3. 想啥就啥

在(30a-c)中动词复现的位置难以由空间性的表达替代，在(30c)中甚至排斥空间性宾语的出现。不过，在(30d)中则存在实体性表达“啥-啥”与过程性“做-做”互换的情况。这种空间性与时间性此消彼长的情况均体现时空相关。

2.4 时空类比

与认知时空不同，时间与空间还可被视为一种类比关系，例如“Spatiotemporal homology”(Talmy 2000：85，320)，“space-time analogy”(Langacker 2012；Wolff & Gentner 2011)。这意味着时间与空间是具有规约化的两种不同的结构实体(Bowdle & Gentner 2005：212-213)①。

空间与时间作为类比在语言规约中的体现是名词和动词的分立。Langacker(2012a：200-201)认为，一方面，名动的并置表明时间与空间具有可比较性，而另外一方面，名动的对立则表明，时间并非是像空间一样的维度。这种观点体现在 Langacker 从时空角度对名动的定义上。Langacker(1987b；2008：104)从时空角度对名词和动词的典型语义内容作了界定。名词的典型语义为：

1. 指称由物质构成的物体；
2. 物体主要是空间性的，具有空间上的界限与方位；
3. 在时间域上，物体具有不确定的持续性；
4. 物体的概念化可独立于其所参与的事件。

① Bowdle & Gentner 实际是用结构投射来解释隐喻过程，而本文的立场是，在语言现象中时间与空间的类比还未进入到隐喻阶段。

动词的典型语义为：

1. 能量的互动本身不是物质性的，而是由变化和能量传递组成；

2. 事件主要是时间性的，具有时间上的界限与位置；

3. 事件在空间中的定位依存于事件参与者的位置，更具有离散性和衍生性；

4. 事件在概念上具有依存性，即如果不概念化事件的参与者则不能概念化事件。

我们将二者之间的关系简洁地概括如表 2.4：

表 2.4 **名动在空间和时间上的对立**

名　词	动　词
物体	事件
空间性取向	时间性取向
概念上自主	概念上依存

扼要地说，名词和动词体现空间与时间的类比与非类比，即物体对应事件，空间面向对应事件关系，概念自主对应概念依存。

物体与事件的区分体现在复现结构中，例如：

(31) a. 边走边吃　b. ＊边男边女　　c. ＊边桌边凳

当"边-边"表达"同时"时，只能组构事件性或过程性的"走-吃"，而不组构物体性或实体性的"桌-凳"或"男-女"。

在物体层面上当我们提及空间域和时间域时，在汉语中我们说"空间"和"时间"，而在英语中我们则说"space"和"time"，这种时空并提的类比也体现在复现结构中：

(32) a. 在此时此地，大家可以自由地交谈。

b. 为官，只是一时一地，为人方系一生一世。

c. 4 名水手忍受不了当时当地的居住生活条件先后离开特多。

在(32)中"此-此""一-一""当-当"将物体性"时-地"并置，表明二者是可对比的概念。而更能表明时间与空间是类比关系的是“一-一”，例如：

(33)a. 一次去京看他，室中只一桌一椅。

b. 菲尔德与伯明翰之间，一去一回，一天要走五十二公里。

在(33)中“一-一”分别组构两个物体和两个过程。既然两个“一A一B”视为同一个结构，那么“桌-椅”和“去-回”也视为类比，依此，物体与过程成为类比对。

在同一个类比结构上时间与空间会并存，例如(自造句)：

(34)a. 在空中，气球或大或小/有的大有的小。

b. 在空中，气球或大或小/有时大有时小。

在(34a)中“或-或”解读为“有的-有的”，面向空间形状的分布，而在(34b)中解读为“有时-有时”，面向空间的变化。这种物体和变化均为“或-或”所组构，这提示空间与时间具有类比性。Talmy(2000：48)甚至将物体与过程统称为“plexity”。

时间与空间作为类比自然有其共同属性。Galton(2011)指出时间与空间共享的属性是延展性(extension)。在本文中当指称时间的延展性时称之为持续性，而指称空间的延展性时称之为广延性。时间的持续性和空间的广延性往往通过量级来表达，即一个物体在时间上占据一定的时间量，而在空间上占据一定的空间范围。

也就是说，从量级的角度看，时间与空间是类比关系。Galton(2011)指出，时间与空间一方面共享延展性，另一方面存在不同的属性。具体来看，时间具有一维性，而空间具有三维性；时间具有指向性，而空间则没有指向性；时间具有瞬时性，而空间则没有瞬时性。一个事件以一维线性方式展开，而一个实体则占据三维空间，具有长宽高；对于一个物体在空间中无论从任何一个方向，均是同一个物体，而一个事件在时间上则具有不可逆性；一个事件可发生变化，而一个物体或区域的发生或变化则需要转换视角，例如，火车上看到飞驰的麦田。

综合起来看，空间中存在离散与聚合的区别，而时间中存在有限与无限的区别(Evans 2013：406)。重点是，Tenbrink(2007：30-

36)指出，并不是所有的时间关系均能在时间域中获得投影，也不是所有的空间关系均在时间域中获得体现。Evans(2013：416)也认为，“空间表征只是部分支持和组构时间表征”。

简言之，空间与时间既存在类比关系也存在非类比关系。

2.5 时空依存

在定义名词与动词的典型概念结构时，Langacker(2008：104)指出，在概念上物体具有自主性，而事件具有依存性①。物体的自主性是指其概念化无须依赖任何事件的参与者，而事件的依存性是指其概念化必须依赖其参与者。这样，名词和动词实际上形成自主-依存配列(Langacker 1987a：306；Langacker 2008：199-202；牛保义 2011)②。既然物体是空间性的，而事件是时间性的，那么在语言中空间与时间也形成依存关系。

核心是，事件过程本身是建立在物体参与的基础之上的。这体现在主观上对事件过程的处理上，如图 2.8 和图 2.9：

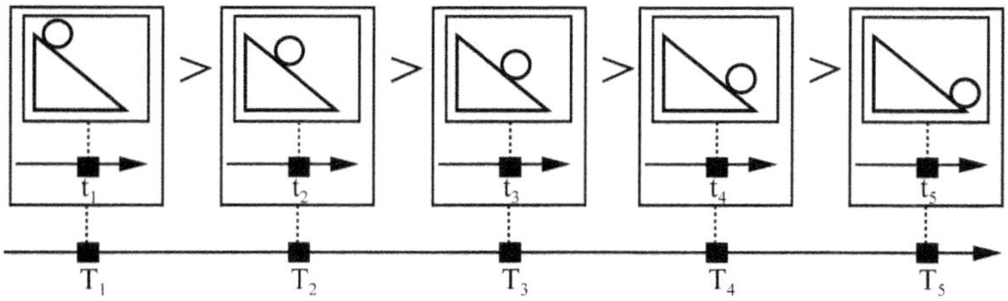

图 2.8　系列扫描

① “依存”在认知语法和依存语法里面均使用。认知语法里的依存为 dependence，表达语言单位之间在概念结构上的阐释关系，本研究在这个意义上使用依存。而在依存语法(dependency grammar)中依存为 dependency，是语言单位之间在句法上的管辖关系。

② 此处所说的“自主-依存”是语言单位间的一种阐述关系，这不同于刘辰诞、杨慧芳(2009)文中的语用学意义上的自主-依存关系，这种关系指显性表述与隐形意图之间的推衍关系。

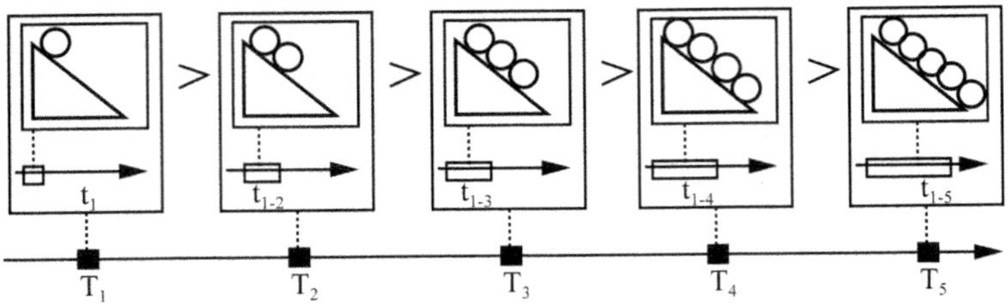

图 2.9 总括扫描①

球体从坡上滚下可以存在两种描述：系列扫描和总括扫描。如图 2.8 所示，系列扫描是在某个扫描时间点只关注目标物体的空间位置与内容时间点的一对一匹配关系，而如图 2.9 所示，总括扫描是在某个扫描时间点关注目标物体的集合空间方位与集合时间点的整体匹配。如果忽略扫描时间，那么内容时间与目标物体的方位之间存在依存关系。也就是说，无论在系列扫描还是在总括扫描中，运动事件需要以物体和路径两个参与者为前提。如果不存在物体和路径，则无法描述事件本身。

时空依存在复现结构中体现为多种方式。首先，在复现结构中事件必然需要与相应的参与者组配，例如：

(35) a. 赵贤成肩挑妻子或走或停，半个多月后，他也不知道自己走了多远。

b. 学生们在地毯上或坐或卧，有的写有的画。

在(35a)中"走-停"反复过程的参与者只有"赵贤成"一个，这样，"或-或"则只能解读为"有时-有时"，而在(35b)中"坐-卧"反复过程与"学生们"这些参与者需要进行一对一的组配，这样，"或-或"则需要解读为"有的-有的"。明显，特定的过程需要匹配特定的参与者。

① 总括扫描类似于 Brentano 对于时间的一般性描述，即在每一个扫描阶段已经扫描过的单位依然存储。Brentano 的时间经验描写参见 Dainton (2013：392)。

其次，在复现结构中还存在过程与方位之间的依存关系，在此，过程与方位形成规约化的组配，例如：

(36) a_1. 20多个人在场上跑来跑去。

a_2. 中国运动员跑来了。

a_3. 大家都跑去听。

b_1. 他们可以听见他在厨房打理东西、在楼梯跑上跑下到处唱歌。

b_2. 那城墙只有六尺多高，二人跑上城墙，纵身向下跳去。

b_3. 在农民的激励下他一鼓作气跑下了山。

c_1. 身材瘦弱的省电视台记者康素真，一路扛着沉重摄像机跑前跑后

c_2. *跑前

c_3. *跑后

d_1. 黎连长跑前跑后，跑左跑右，不断地高呼，脸上的冷雨热汗流入口中。

d_2. *跑左

d_3. *跑右

虽然“跑来跑去”可以分解为“跑来”与“跑去”，“跑上跑下”可分解为“跑上”和“跑下”，然而“跑前跑后”则难以分解为“跑前”和“跑后”，“跑左跑右”也难以分解为“跑左”和“跑右”。这种现象说明，“跑-跑”复现过程与空间对存在整体的依存关系。在这种依存关系中，空间对“左-右”“前-后”与过程对“跑-跑”整体性进行组配。

再次，时间框架与空间格局之间的依存，例如：

(37) a_1. 远处的山峦时高时低。

a_2. *时高

a_3. *时低

b_1. 他长得又高又瘦。

b_2. 他又高了。

b_3. 他又瘦了。

(37a)表明存在“时-时”与“高-低”的整体依存组配，而不存在单独依存组配。而在(37b)中既存在“又-又”与“高-瘦”的整体依存组配，也存在单独组配。需要注意的是，在整体组配中“高-瘦”只是空间格局，而在单独组配中则存在变化之义，即“又变高了”或“又变瘦了”。

最后，空间框架与时间过程也存在整体性依存组配，例如：

(38)a. 他边吃边喘着粗气。

b. 他一面听音乐一面写文章。

“边”和“一面”原本是面向空间的表达，例如，在“身边的人”中“边”指附近区域，而在“一面旗帜”中“面”表达“旗帜”的形状。然而在(38)中复现“边-边”和“一面-一面”不再面向空间，而是用作组构两个同时过程。在此组配中过程事件整体性地与空间框架形成依存关系。

这样，根据“CACB”中框架所提示的规约内容，从时间与空间角度看，存在时间性、空间性和类比性复现结构，如表2.5所示：

表2.5　　**时间性、空间性和类比复现结构实例**

时间性	空间性	类比性
忽A忽B	边A边B	或A或B
又A又B	一头A一头B	有A有B
时A时B	一面A一面B	一A一B
即A即B	V这V那	没A没B
随A随B	V前V后	
乍A乍B	V左V右	
阵A阵B	V上V下	
	V来V去	
	大A大B	
	所A所B	
	V内V外	

此表只给出了部分与时空相关的复现结构表达。其中，时间性和空间性复现结构中框架的规约内容具有单一性，而在类比性复现结构中框架根据不同的语境可解读为空间或时间。

这三种复现结构实际上提出了一个理论问题：在语言表达中时间依存空间，还是相反空间依存时间。也就是，时间用作阐释空间还是空间用作阐释时间的问题。在“时 A 时 B”之类的时间性复现结构中当“A-B”为空间内容时，从依存角度看，则出现空间内容用作阐释时间框架；在“边 A 边 B”之类的空间性复现结构中，当“A-B”为时间性内容，则出现时间内容用作阐释空间框架；在“或 A 或 B”之类的类比性复现结构中，随着“或-或”与“A-B”形成空间框架-时间内容组配或时间框架-空间内容组配，则会选择性地体现时空相互阐释的切换。

简言之，在复现结构中时间与空间可相互依存。

2.6 时空转喻

Lakoff & Johnson(1980：14ff.；2003：29ff.，266)将转喻定义为通过一个实体指称另外一个实体，请考虑下例：

(39) a. The Times has not yet arrived for the press conference.

b. Steve Roberts has not yet arrived for the press conference.

在(39)中存在“THE TIMES FOR THE REPORTER”的转喻①，也就是用组织机构指称报告人。但是，Lakoff & Johnson(2003：36)还指出，“转喻不仅仅是指称工具，也能提供理解”。就(39a)而言，“The Times”可以表达新闻发布会的时间，可以指《时代周刊》杂志的发言人，也可以指《时代周刊》。在这种多重指称中实际上凸显《时代周刊》杂志在新闻发布会中的重要性，以此，转喻不仅用一个实体指称另外一个实体，而且还赋予对所指称实体的一种理解，这种不同能够从与(39b)的比较中显现。

另外，还存在“THE PLACE FOR THE EVENT”转喻，请考虑下

① 本章以“X FOR/为 Y”来描述转喻，而用“X AS/IS/是 Y”描述隐喻。

例(Lakoff & Johnson 2003：39)

(40) Let's not let Thailand become another Vietnam. Remember the Alamo.

(41) Pearl Harbor still has an effect on our foreign policy. Watergate changed our politics.

在(40)和(41)中"Vietnam"和"Pearl Harbor"均指发生在这两个地方的战争。既然地点是空间性的，而战争是时间性的或过程性的，这样就出现用地点指称事件，就是从空间通达时间①。这种指称通达是以经验性相关为基础。

这种情况在汉语中也存在，例如，"返程中我一直睡到终点站。"(肖燕、文旭 2012：71)，在此句中存在"一直 FOR 一路"的对应，这样，此句也可说成"我一路睡到终点站"。虽然存在这样的对应，但是在没有语境的情况下，则不能判断全句关注的焦点是"一路"还是"一直"，这种对称实际上并不符合用一个实体表达另外一个实体的非对称性要求，不过此种表达符合一个认知域的标准。

Kövecses& Radden (1998：39) 将转喻界定为：在同一认知域内，一个概念实体为另外一个概念实体提供心理通路的过程。在此界定中，Johnson & Lakoff(2003：265)所提出的同一认知域获得强调。

然而，Langacker(1987)对认知域的定义是一个知识结构不能简化为另外一个知识结构，这样的话，既然时间不能简化为空间，那么二者则属于不同的认知域。结果是，时间既可处于同一认知域，也可处于不同认知域。这就造成时间与空间的隐喻与转喻过程的模糊。

Johnson & Lakoff(2003：266)进一步指出，"TIME FOR TRIP"的表达基础是由时间域和空间域共同组成的复杂框架，在此框架内，时间段用作指称空间距离，请考虑他们给出的例子：

① 程琪龙(2011)将转喻定义为本体通达喻体。本章采用此"通达"表述，以强调转喻为一种心理过程，而非单纯的指称现实物体或事件。

(42)(Metonymy) San Francisco is a half hour from Berkeley.

(43)(Metaphor) Chanukah is close to Christmas.

Johnson & Lakoff 认为，之所以(42)为转喻，而(43)为隐喻，因为在(42)中时空相关为表达的主题(subejct matter)，而在(43)中只有空间距离为表达的主题。

与主题类似，Langacker(1987：147)对认知域(domains)的界定是“认知实体”(cognitive entities)。这样，任何充当作为特定语义基底的概念结构均可视为认知域。以此，时间和空间在转喻中处于同一个认知域，而隐喻中则是两个不同的认知域。

针对此泛化的界定，Gärdenfors & Löhndorf(2013)提出两种认知域：“维度结构”(dimensional structures)和“部整关系”(meronomic relations)。所谓维度结构是用作描述物体属性的集合，而部整关系是概念内的整体与部分关系。据此，认知域可被定义为一致性维度的集合，此集合与其他维度相分离(Gärdenfors & Löhndorf 2013：443)。例如，空间中实体的长宽高是彼此相互结成一体的实体属性，构成一个认知域。以此为基础，隐喻指不同域之间的投射，而转喻是一个认知域内的部整关系(Gärdenfors & Löhndorf 2013：452)。这样，从原型角度看，时空的转喻可被视为从空间域核心概念到时间概念的一种扩展(Peirsman & Geeraerts 2006)。

以此，路程认知域中的“TIME FOR DISTANCE”的转喻操作则体现从时间维度到空间维度的通达过程。概而言之，在界定时空转喻需要考虑三个方面：语境中关注的是时间还是空间；存在认知域与框架的差别；同一认知域是一个维度集合。

近期对转喻界定存在新一轮讨论(Janda 2011，2013，2014；Brdar & Brdar-Szabó 2014)。此次讨论主要关注 Janda(2011)的主张：单词的形成(word formation)具有转喻机制的驱动。例如，“ACTION FOR TIME：*la saison* (<‘act of sowing’)”，“TIME FOR ENTITY：*the sixties*”(Janda 2011：383)。Brdar & Brdar-Szabó(2014)认为 Janda 将转喻扩展到单词形成上，背离了转喻的初衷，而 Janda 则认为，转喻作为一般认知能力本应该具有更为广泛的理

论解释力。

在汉语中涉及时空转喻的并非是单词的形成，而是名动互转。王冬梅(2001)认为汉语的名动互转是转喻，例如，在“研究问题”中“研究”表达过程，而在“你的研究”中“研究”表达实体。如果“研究”的原有规约是过程，那么在“你的研究”中则发生过程指称实体。在这个切换中存在着转喻动因，是因为在“研究情景”中研究的对象和研究过程形成一个高度规约的认知域，彼此能互相通达。

另外，在这种动名切换中存在着时间性和空间性的负相关，例如：

(44)a. 全家人也都盯着我，沉默着，好像都仔细地研究着我。

b. ＊你的研究着①

当“研究”表达过程时可后置表达持续的“着”，如(44a)所示；当“研究”表达研究对象时，则不能后置“着”，如(44b)所示。这提示“研究”从动词到名词的转换伴随着持续特征的缺失。在汉语中“着”标记持续性，比如，可以说“吃着”，但不可以说“＊桌着”，而“的”则标记实体化，比如，可以说“我的桌子”而“？我的看”则在没有语境下不容易接受。这样，(44)也提示，当“研究”表达研究对象时实体性增强。既然如此，在名动互转中实际上并不单单只是从一个概念指称另外一个概念，还涉及时间性与空间性本身的负相关。

这种时空相关性的转喻体现在复现结构的整合性构式化中，例如：

(45)高原气候夏凉冬冷，昼夜温差大，时风时雪。

“风”或“雪”除非在天气预报的情况下，否则不太容易单独表达一个过程。例如“＊天风了”，而说“天起风了”，也不能说“＊天雪了”，而说“天下雪了”。这样在(45)中，“风-雪”在时间框架下被用作通达两个过程，这是由于“时A时B”本身已经具有了整合

① 这种使用并不限于双音节，例如，“广州的吃全国第一，但是他在吃上不讲究”(沈家煊 2015：129)。

性的构式特征。

简言之，时空转喻是时间与空间相互通达的过程，这种通达存在着经验相关的基础，是语言表达的动因之一。

2.7 时空隐喻

2.7.1 时空隐喻的基本内容

隐喻的要旨是用一事理解或经历另一事(Lakoff & Johnson 2003：5)。空间用作描述时间，早已为学者们所注意。Clark (1973)就提出英语中时间的描述以空间隐喻为基础。Lawrence (1975：197)指出四种时间的隐喻性描述，分别为：时间被表征为数量(Time represented as number)；时间被表征为空间(Time represented as space)；时间被视为力或商品(Time conceived as force or commodity)；时间被视为目标(Time conceived as telos)。

Traugott(1978)则注意到，身体空间或相遇情景用作描述时间在语言中普遍存在，但也发现汉语不同于英语，可用垂直关系表达时间。而使时空隐喻成为广泛关注议题的是 Lakoff & Johnson (1980)将其视之为时间的空间隐喻，并指其为不仅仅是一个语言规约，还是一个认知过程。时空隐喻甚至还可是一种文化规约，例如，蓝纯、高秀平(2016)指出时空隐喻体现于佛教经典《心经》和《金刚经》之中，刘宇红(2014)指出时空隐喻与大乘佛法相互印证。对时空隐喻的研究，尤其是英汉中时空隐喻表达的差别激发了一系列研究(参见 Boroditsky 2000，2001；Fuhrman et al. 2011；Chen & O'Seaghdha 2013；Lai & Boroditsky 2013；杨文星 2015)。用空间认知域描述时间认知域就是运用物体、物体或空间关系和物体运动来描述抽象时间的属性，并且可用空间关系推理抽象的时间关系，也就是"时间是空间"(TIME AS SPACE)的隐喻(Radden 2003)。

英语中"时间是空间"隐喻的具体内容为(Lakoff & Johnson 2003：5，41-45；Lakoff 1993：216-217)：

本体：时间从物体和运动角度来理解，其中物体包括实体和方位。

背景条件：现在时刻为常规的观察者位置。

建立在这些基本条件上，从空间到时间形成如下投射关系：

多个时刻是多个物体；

时间通过是物体运动；

未来时刻在观察者之前，过去时刻在观察者之后；

一个物体运动，其他物体静止；静止物体是指称中心。

换言之，时刻是物体或方位；时间关系是空间关系；时间流逝是物体运动。也就是，我们可通过空间域中的推理从而获得对抽象时间的理解，而不是相反。Lakoff & Johnson(1999：139)甚至指出，“如果没有隐喻，我们实质上不可能概念化时间”，并且在认知上运动比时间更基本。以此，Lakoff & Johnson 主张，空间到时间的投射具有单向性。

这样，我们就能够解释哲学上飞矢不动(Zeno's paradox of the arrow)之悖论(Lakoff & Johnson 1999：156-157；Bardon 2013：12；Aristotle 1984：890)。飞矢不动悖论的主要内容是：

在给定时刻，箭头仅仅占据相当于自身大小的空间。既然在某个特定时刻某物仅占据相当于自身大小的空间时，此物是静止的，那么箭头在任何时刻不可能是运动的。

这里的谬误在于将时间的隐喻性描述视为一个客观事实。在飞矢运动中飞矢的运动直接为大脑的运动功能区所回应，是字面表达。而用空间方位来描述此运动则是时间的空间隐喻描述，是一个理解过程，而并非现实中观察的时间运动。

这种“时间是空间”的隐喻也体现在汉语的复现结构中，例如：

(46) a_1. 时间或长或短。

a_2. 木条或长或短。

b_1. 时间或远或近。

b_2. 他们距离学校或远或近。

c_1. 时间或快或慢。

c_2. 行驶的车或快或慢。

在(46a)中“时间”被描述成如“木条”一样具有“长-短”的静止

属性，这显示，存在“时间是实体”的隐喻；在(46b)中“时间”被描述成如“距离”一样存在“远-近”，这表明存在“时间是距离”的隐喻；在(46c)中“时间”被描述成像“车”一样具有“快-慢”，这说明存在“时间是运动”的隐喻。

2.7.2 从“时间是面向”到“过程是方位”

就时空隐喻的研究而言，国内外实际上关注较多的是“时间是面向”的隐喻。该隐喻的核心内容是在语言表达中过去和未来在空间方位上的体现。Alverson(1994：106)指出，在英语中，“未来在自我之前；过去在自我之后”。Lakoff & Johnson(2003：41-43)曾指出，英语中则存在矛盾的表达，例如：

(47) We're looking ahead to the following weeks.

(48) The time for action has arrived.

(49) The face of things to come ... Let's meet the future head-on.

在(47)中“ahead”提示未来在自我的前面，而“following”则提示未来在自我的后面。Lakoff & Johnson 对此矛盾的解释是，在“时间是运动实体”的隐喻中，如(48)所示，时间本身被赋予前后的面向。这样，自我的前方是作为实体的时间的前方，如(49)所示。以此，在英语中“未来在自我前方”获得统一解释。

虽然在英语中“未来在自我前方”获得确认，然而，在其他语言或情景中则难以获得确认。Núñez & Sweetser(2006)发现，在Aymara语中无论是语言表达还是手势中均表现出“未来在后”。Sullivan & Bui(2016)的研究则表明，越南语中时间从自我之后运动至自我之前。此外，Torralbo et al.(2006)的研究表明，在非语言表达中还存在“过去在左；未来在右”的隐喻投射。Coëgnarts & Kravanja(2015)甚至还发现，在电影中过去处于角色之前。

就汉语研究而言，关注的核心是，在汉语中“未来在前；过去在后”(Yu 1998)还是“过去在前；未来在后”(Alverson 1994：104)，或者二者兼而有之(张建理 2003)，韩玉强、刘宾(2007)和匡腊英(2011)从历时角度揭示前后的时间使用存在非对称性。请考虑下例：

(50)a. 好日子还在前头。　　　b. 好日子还在后头。

如果我们在(50)中设定“前-后”的中心参照是自我的话，那么在汉语中就存在两种不同的时空投射：“未来是前方”和“未来是后方”。这造成从空间到时间投射在描述上的不一致性。为了保持隐喻的一致性，我们需要对这种表面上的矛盾进行解释。

这种不一致性可通过非自我为中心的灵活参照点来解释，即在(50)中，自我作为中心参照点只是可选择的参照点之一，还可在语境中临时选定某个参照点。比如说，在相遇情景中，既可设定自我为参照点，还可设定迎面走过来的人为参照点(Lakoff & Johnson 2003：41-45)。这样，承认“未来在前头”就是说“未来在说话人的前头”，而说“好日子还在后头”就是说“好日子在迎面走来的人后头”。这个迎面走来人的后头与说话人的前头指称的方向一致，只是存在视角上的差别。以这样的解释则保持“未来是前方；过去是后方”的时空隐喻推理。

当然，我们还可设定推理的情景是同向而行的一个队列(Yu 2012)，在这个队列中，说话人的前方和后方均有人，时间点由不同的人充当，说话人处于其中，以此形成“日子是队列”的隐喻。当说“好日子在前方”时就是说“好日子在自我的前方”，而当说“好日子在后头”时就是说“好日子处于自我前方的人的后方”。

另外，我们还可认为“时间是运动的实体”，在此隐喻中，我们可切换视角，当说“好日子在后头”就是说“好日子处于运动实体指向的前方”，这个前方与自我的后方重叠；当说“好日子在后头”就是说“好日子在自我的后方”。

我们甚还可认为“时间是运动的场景”，这个场景对于说话人本身来说具有内异性的前后，这样，当说“好日子在前头”就是说“观察者自我从场景后头向前头运动”，而当说“好日子在后头”就是说“观察者自我从前方向后方运动”。

无论是哪种解释，核心的一点是存在灵活的参照点：自我、运动体和场景。这种灵活性在复现结构中也有所体现：

(51)a. 嘉陵江水湍急而浑浊，<u>前山后山</u>绿成一片。

b. 无可否认，无论<u>生前生后</u>，李小龙在世界上的影响都是巨大的。

很显然，在(51a)中“前-后”既可表达“山”这个实体对于观察者本人的内异性特征，也可表达观察者所处的位置为山的某个中心点。而在(51b)中则出现“事件是空间方位”的对应①。

这种对应的另外表现是“过程是方位”，例如：

(52) a_1. 他随手提起了货郎担，突然觉得它一头沉一头轻。

a_2. 她仍在那儿一头哭一头嚷：“你们怎么还不把这个凶手赶出去?”

b_1. 为什么有的光学镜片一面凹一面凸，有什么作用?

b_2. 她一面追一面喊，在场的群众同时向歹徒追去。

“一头-一头”在($52a_1$)中表达“货郎担”的两个部位，而在($52a_2$)中则失去部位之义，而提示“哭-嚷”两种行为同时发生。类似地，“一面-一面”在($52b_1$)中表达“光学镜片”的两个不同部位，而在($52b_2$)中则提示“追-喊”两种行为同时发生。在此，“一头-一头”和“一面-一面”均表达实体的两个不同部分。既然对于物理实体而言，“头”或“面”可以是复数的，并且可以构成方位，那么“一头-一头”或“一面-一面”就形成多个方位。从经验上看，多个方位可以提供多个事件发生的场所。然而，这些复数方位在空间上往往并不呈现出线性，为此，我们并不能从“一头-一头”或“一面-一面”推知其所组构的过程为线性并置关系。而恰当的推理是，既然一个实体的不同部分同时存在，那么其所组构的事件或过程也同时存在。另外，当组构行为过程时，“一头-一头”或“一面-一面”均失去空间意义，也并非语境中所关注之内容，故此认定为“过程是方位”的隐喻。既然此框架表达同时，我们称之为同时框架。这种同时框架在以往的时空隐喻研究中基本上鲜有关注。

简言之，虽然“时间关系是空间面向”隐喻是以往时空隐喻研究关注的核心，但在复现结构中的隐喻已经超出自我面向范围。正如 Ahrens & Huang(2002)所强调的那样，自我面向存在语言演变上

① Lakoff(1993：220)指出存在一个“States are locations (bounded regions in space)”的隐喻。在此，“边-边”虽然提示方位，却表达是过程。

的变异。实际上，自我面向在复现结构中只体现在部分结构中，而并非全部结构中。

2.7.3 时空隐喻的限制和扩展

虽然时空隐喻获得了大量实证支持(Gentner et al. 2002; Casasanto & Boroditsky 2008; Teuscher et al. 2008; Bender et al. 2010; Casasanto et al. 2010; Thibodeau & Boroditsky 2011; Desai et al. 2011; Thibodeau & Durgin 2011; Bottini & Casananto 2013)，然而其在描述时间的有效性上依然受到质疑(Engberg-Pedersen 1999)①。Sinha et al. (2011)的研究表明，在Amondawa语中时间的表达并不需要借助于空间。Bender et al. (2012)发现，时间与空间的关联性并非如以往研究所显示的那么强。Evans(2013a: 416)进一步指出，用内异的、相对的、绝对的空间关系来描述时间不能解释系列时间和指称时间的差别。

受到较多质疑的是时空隐喻的单向性假设，即空间比时间具体；从空间到时间的隐喻投射是单向的。空间比时间具体是说空间能为知觉器官直接感知，而时间则不能。然而，无论是空间中的物体(或声音能听到)还是空间关系，均不能直接知觉。一个物体往往是三维的，而我们在一个视角只能观察到物体的一个侧面，正所谓盲人摸象，但关键是，我们仍能感知到物体是立体的。这说明，我们对物体的知觉并非是直接的，而是存在着某种构建过程在发挥作用。另外，方位实际上也不能直接观察到，为了观察方位，必须以物体为前提，这样，方位是想象出来的空间关系。也就是说，空间关系和时间关系均有想象性的一面，难以确定二者哪个更为具体。另外，在“时间是空间”的隐喻中运动被视为空间域，然而基本的常识是，运动不可能离开时间，如此，在时空隐喻中空间域就存在着时间。结果是，“时间是空间”隐喻也存在时间到时间的投射。解决的办法是，将运动单独视为一体性的域(Fauconnier &

① 在认知语言学内，质疑不仅仅限于时空隐喻，而是对整个概念隐喻均存在质疑的声音，例如，刘正光(2001)，李福印(2005)，王馥芳(2014)。

Turner 2008：55）。Moore（2016）已开始使用空间-运动（space-motion）的提法。

更为重要的是，虽然时间不像空间那样直接通过感知觉器官感知，但是这并不意味着人类就不能经验到时间。人类可直接知觉到身体的节律变化。虽然时间的神经机制在理论上仍然存在争论（Wittmann 2013），但人类处理时间持续的机制确实存在。就整体而言，理解时间的难点在于，时间与人类的各种经验纠缠在一起，这使得时间并不具有团块性（Klein 2009；Wittmann 2013；Núñez & Cooperrider 2013）。但是我们并不能以时间的非团块性而否定时间本身的主观性和经验性。当然，也正是由于这种非团块性，时间在语言中的表达往往是无处不在，充斥在各种表达中。为了能统一把握这种分散性的经验，在语言中只能以抽象的方式来表达。同样的，空间依然具有抽象性，比如说我们既可通过视觉感知空间也可通过听觉感知空间，于是，当我们说空间时，依然是一个借助语言而抽象的概念。为此，简单地通过没有明确界定的抽象和具体（Gibbs 1996）来解释时间与空间之间的非对称关系，难以避免语言文化上的偏好。

针对抽象与具体不明确的问题，Szwedek（2011；2014）从现象学角度指出，抽象经验的基础是物体（phyical objects），其本身并不再需要通过隐喻获得理解或表达，是隐喻的终极源域（ultimate source domain）。根据此终极源域的主张，其实在空间域内部也存在隐喻性表达，例如，“请给我一些空间”，在此，“空间”被描述成一个物理实体，可以转移。这种隐喻也可用作表达时间，例如“请给我一些时间”，在此，“时间”也被视为一个可移动、可操纵的物体。这也体现在复现结构中，例如“这时间拖来拖去，一下拖了一年”，在此，时间被视为可操控的物体。另外，时间还可成为操控者，例如，“她们好像永远也做不完她们的工作，老是被时间赶来赶去”，其中，“时间”被描述成能操控人行为的实体。

不仅如此，空间方位也能被描述成物体，也就是存在“方位是物体”的隐喻（Szwedek 2009）。Szwedek 使用“The board lay across the road”来解释此隐喻。在此句中，“the board”充当前景，而“the road”充当背景，也就是方位由两个物体充当。而在复现结构中，确实，我们并不能离开物体讨论方位。例如，当我们说“前车后车”，实际上预设自我身体的方位为参照，而当我们说“房前房后”，则预设所指定的房子为中心参照点。而诸如“ * 中前中后”“ * 前中后中”之类的表达则很少提及，是因为这样的表达在无语境的情况下难以确认物体参照点。

更为深入地来看，存在“行为是实体”还是“行为是方位”的隐喻之争。Grady et al.（1996）和 Taub（1996：460）均认为不存在“行为是实体”的隐喻，而应该是“行为是方位”（cf. Szwedek 2011：348）。而从复现结构的角度看，“行为是实体”更为的凸显，例如：

（53）a_1．子弹在他的身前身后叫着、跳着。

a_2．宅前宅后都种满了栀子花。

a_3．孩子们散坐在桌前桌后。

b_1．第四个方面就是在考的过程中，考前考后要保持心态的平衡。

b_2．英超比赛时，赛前赛后球队主教练都要接受记者提问。

b_3．虽然在战前战后他们可以抬高物价，勒死穷人，但究竟得不偿失。

在（53a）中充当中心参照点的是实体，而在（53b）中充当中心参照点的是行为过程。虽然，在逻辑上前和后理应预设中心参照点，但是无论在空间域的表达中还是在时间域的表达中，均不直接表达中心参照点，而是直接表达物体和行为，这提示在复现结构中存在物体与行为的对应。既然行为是时间性的，这依然提示物体是时间的终极原域。考虑到时间的多样性，自然可能存在从物体到时间域的多种投射：

物体→过程

物体→抽象时间

物体关系→时间关系

这样，即使空间比时间更具体、更容易把控，但这种空间的具体也并非是物理意义上的，而真正物理意义上的具体只有物体。

2.7.4 作为时空隐喻之基的处理时间

空间作为描写时间的框架，不能描述处理时间。Langacker (2012a)指出，空间的动态性使得时空隐喻成为可能。Langacker 所指出的情况与对三维空间的构建存在类似之处，就是说在处理空间信息时需要通过动态的处理过程才能构建起一个空间格局，请考虑图 2.10(Langacker 2012a：213)。在理解图 2.10a 时，往往很直接，不需要太多的努力。但是当理解图 2.10b 时，则需要细致地理解上面的正方形与下面的反三角形并不存在直接的匹配关系，并且，下方的形状也并非是正方形或长方形，而是两个扭曲的形状。而当理解图 2.10c 时，整个理解过程则相当复杂，需要我们处理各个细节。处理这三个图形的不同努力过程提示，在空间处理中存在一个动态的处理过程。这种空间的时间处理也就是空间概念的动态性。

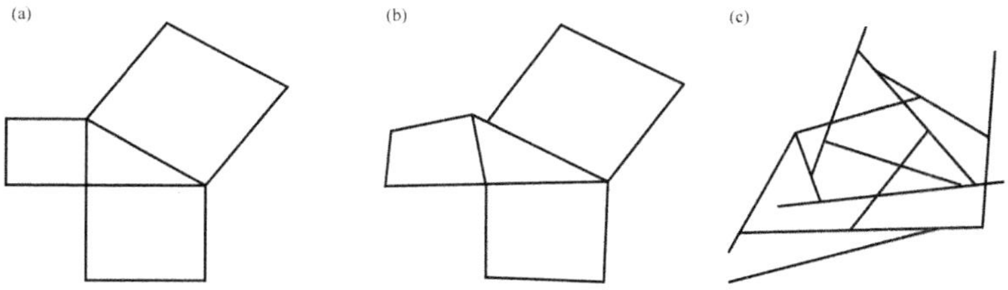

图 2.10 空间格局的时间处理图例

空间的动态性在语言中的体现则是虚拟运动(fictive motion)，也就是静态实体的动态描述，请考虑下例(Talmy 2000：99ff.)：

(54) a. That mountain range goes from Canada to Mexico. (pp. 104)

b. The snake is lying toward/away from the light. (pp. 108)

c. I quickly looked down into the well. (pp. 111)

d. The light is shining (from the sun) into the cave/onto the back wall of the cave. (pp. 112)

e. The tree threw its shadow down into/across the valley.

(pp. 114)

f. The old wallpaper shows through the paint even to a casual passerby. (pp. 116)

在(54a)中"mountain range"是静态实体，其本身并不会从加拿大移动到墨西哥，但在表达中却描述成"go"；在(54b)中"the snake"具有运动能力，但在描述的情景中处于静止状态，这样，"toward/away"只是用作描述"the snake"与"the light"之间的静态距离，这种距离在"the snake"的运动能力范围内；在(54c)中虽然"I"有运动能力，但是此句并非描述"I"的运动能力，而是描述人的观察过程，"down into"提示此过程涉及从上到下从内到外的注意调整，在这个调整中，并不存在实体的运动；在(54d)中"The light"虽然在物理上存在从光源体到目标物的运动，但是光的运动从经验观察的角度看是一个连续扩展的现象，这样其本身并不是一个从一个目的地到另外一个目的地的运动，而是从一个目的地到另外一个目的地的扩展；在(54e)中"the tree"的阴影只是阻挡阳光扩展范围的副现象，并非从一棵树所在的方位以投的方式被移动到另外一个方位，在此，并不存在一个典型的运动；在(54f)中"The old wallpaper"本身处于运动，占据一定的方位，其自身的展示也并未出现任何运动，但在此句中却被描述成移动过一定距离的实体。所有这些虚拟运动具有一个共同特征：一个在三维上非零的空间实体的认知处理。这种处理过程最典型地体现在立体实物的描述上：

(55) The hill steeply rises from the bank of the river. (Langacker 2012a: 212)

在此，位移"rise"用作描述山崖的陡峭。

Lakoff & Turner (1989: 142) 将虚拟运动认定为"FORM IS MOTION"的隐喻，即一个静态的形式被理解成一个动态的运动。Talmy(2001: 171)也持有类似观点。然而，对此现象却存在着多种命名，例如"virtual motion"(Talmy 1983: 236)、"fictive motion"(Talmy 1996, 2000: 99ff.; Matlock & Bergmann 2015)、"extension"(Jackendoff 1983)、"abstract motion"(Langacker 1986)、"subjective motion"(Matsumoto 1996)、"non-factual motion"

(Blomberg & Zlatev 2014；Blomberg 2015)。从关注语言与运动之间关系的角度出发，为考察虚拟运动中是否存在运动模拟，学者们做了很多相关的实验。Matlock(2001)发现在线虚拟运动理解中存在着运动模拟。Matlock et al. (2005)和 Matlock et al. (2011)证明虚拟运动如现实运动一样影响时间的理解。Richardson & Matlock(2007)通过对虚拟运动中眼动的研究则表明，受试者观察现实运动受阻情形会影响他们观察由虚拟运动描写的图片。然而，Mishra & Singh (2010)则发现在 Hindi 语中，在没有视觉刺激的情况下，单凭对虚拟运动句子的想象，则不会出现运动模拟的。Cacciari et al. (2011)通过经颅磁刺激实验表明，相对于成语运动表达，字面运动表达、虚拟运动表达和隐喻运动均可调节运动系统的可激发性。重要的是，Cacciari et al. (2011：151)对字面运动、虚拟运动和隐喻运动作了区分，示例如下：

(56) a. The man runs in the beautiful country.
Literal sentences
b. The woman runs with her fantasy often.
Metaphorical sentences
c. Between the neighbors runs bad blood.
Idiomatic sentences
d. The road runs along the impetuous river.
Fictive motion sentences

对比隐喻运动和虚拟运动的句子发现，隐喻运动中运动的参与者是非物理实体的情绪，而虚拟运动中运动的参与者均是物理实体。这种分类方式显然否定虚拟运动是隐喻的观点。

从跨语言角度看，Blomberg(2015)通过诱导实验方法发现，虚拟运动在不同的语言中普遍存在，并且不同语言会使用具有特异性的资源来表达虚拟运动。Blomberg 的研究并未考察汉语，在汉语中当然也存在虚拟运动(钟书能，黄瑞芳 2015)。但是，对于虚拟运动定性问题，却存在着不同的观点。范娜(2014)将虚拟运动视为概念整合和转喻。李秋杨(2014)直接将虚拟运动视为隐喻化过程。钟书能、傅舒雅(2016)则将虚拟运动视为一种特殊的空间位移事件。问题是，在所有这些研究中，不仅对虚拟运动本身的名称各持己见，例如，虚拟位移（陶竹、毛澄怡 2011；李秋杨 2014；晏诗源 2014；曹佳 2015），虚构运动（范娜 2012），而且均未对虚拟运动的定性给出明晰的理由①。这种现象说明，在虚拟运动的研究中仍然存在着分歧。

虚拟运动在复现结构中也有所体现。在复现结构中虚拟运动体现于现实运动的缺省和时间的保留。下面以“时-时”为例来说明此过程，请考虑下面的例子：

（57）a. 她的头发又黑、又亮、又多，编成两个小辫儿。有时垂在前面，有时搭在后面，用颜色鲜亮的带子扎着。

b. 她的头发又黑、又亮、又多，编成两个小辫儿。时垂时搭/时前时后，用颜色鲜亮的带子扎着。（改造句）

在（57a）中“有时-有时”标记“垂在前面-搭在后面”的交替时间点。在这种长句表达中，时间、过程和方向往往共现，而在简句中既可省略方向也可省略过程，如（57b）所示，仍可形成完整的表达。这种简化的使用甚至会形成常规的表达，例如：

（58）飞来一对蝴蝶，时上时下/时而上飞时而下飞，时而前飞时而后飞，在嬉戏，在打闹。

当运动过程在简化表达中被省略时，很可能语境中已经预设了特定过程，如在（58）中“时上时下”“时前时后”可以扩充为“时而上飞，时而下飞”“时而前飞，时而后飞”。

以预设的过程为基础，“时-时”不仅可组构方向还可组构实体，例如：

（59）a. 每当雅罗米尔下午把自己关在房间里，照着镜子，时而望着这一面，时而望着那一面/时而这面时而那面，

① 本章之所以采取虚拟运动的名称是因为，在常规的翻译中，“motion”均翻译为“运动”，我们也注意到，对此现象国内学者基本上采取虚拟位移者居多。另外，我们基本赞成杨静（2013）提出的路源假说，即虚拟运动经验上起始于人在道路上行走。常规上，我们会说，“人在运动”，而非人在“位移”，故而，保留虚拟运动的使用。

日子显得是多么漫长和空虚啊！

b. 我们平时喝粥，有时是燕麦片粥，有时是玉米面粥/有时燕麦片粥，有时玉米面粥。

在(59a)中可直接省略“望着-望着”这一过程，而在(59b)中则可直接省略“是-是”。之所以如此，原因在于“时A时B”中“A-B”只用作提示“时-时”时间维度上的变化，无论是依存于过程的实体，还是过程本身，只要能提示变化，便可准入。这样，在简短表达中，如果语境预设运动，运动本身则无需明示，例如：

(60) a. 蜿蜒崎岖时上时下的山路上，一辆辆赛车飞驰而过。

b. 现在，四面都传来狼嗥的声音，时远时近。

c. 绵延百里的水面时宽时窄，像一条闪光的珠串。

在(60a)“上-下”本身可解读为“上坡-下坡”具有过程倾向，而在(60b)中“时远时近”描述距离与声音变化的相关，在此没有必要引入狼与人的运动过程。在(60c)中，由于水面的长度超过在平面上人能观察的距离，这样，只有通过运动逐步累积的方式来观察水面的宽窄变化，为此，此句也预设运动。但是，运动方式已显得不重要，也无法复原初创此种表达时的运动。

重要的是，在此处，“时-时”并不能再使用时空隐喻，请考虑下例：

(61) 绵延百里的水面时宽时窄/? 上午宽下午窄/? 前天宽后天窄，像闪光的珠串。

当用“上午-下午”或“前天-后天”替代“时-时”时，则句义不再描述静态实体“水面”本身，而变成静态实体在变化，这与整句意图表达之义相悖。这说明，“时-时”在此已经从运动事件的抽象时间转变为表达物体动态认知的处理时间。这种处理时间则不再从属于时空隐喻。

另外，从理论上看，Talmy 通过虚拟运动意图证明的是在语言的表达中体现一般的认知过程，然而在“时-时”所表达的复现结构中会发现语言省略或简化参与到虚拟运动的表达之中，这样的话，复现结构中的虚拟运动并不是表明概念结构驱动语言结构的形成，而是语言结构本身塑造概念结构。

此外，就时间的空间隐喻而言本身预设从空间到时间的单向投射，是用空间描述时间，然而在“时-时”表达的虚拟运动中明显我们是在用时间来组构空间的内容。这样，如果单独依赖于组构或投射或描述的单向性来判断隐喻的话，那么虚拟运动就不是隐喻。而如果虚拟运动不是隐喻的话，那么在语言中时间的空间隐喻未必是隐喻作为一般认知能力的直接证据。Langacker(2012a)给出的思路实际上是承认时间的多种角色，时间的空间隐喻在内容层面上是有效的，而在处理层面上则是无效的。

更深入地来看，虚拟运动与时空隐喻具有连续性，请考虑下例：

(62) a. 有庆吃了两口就不吃了，眼睛对着我和家珍转来转去。

b. 他冷冷地点点头，眼珠在我们脸上转来转去。

c. 他抬起头来，看看子璇，又看看芊芊，眼光就在两个女孩脸上转来转去。

d. 她脑子里转来转去都是芮小丹的脸。

在现实中最直接的观察是“眼珠”在自己的眼眶里运动，而不能在其他人的脸上运动。为此，(62b)中描述的情景只能是想象出来的，相比之下，(62a)中所描述的情景则更为真实。眼睛不仅仅不能在别人的脸上运动，并且也不会发光，除非在科幻小说中具有特异能力的人。为此，在(62c)中“眼光”只是用作描述注意路向。这种想象性也体现在(62d)中。就从经验上看，人只能意识到而不能感知到“脸”在物理意义的“脑子”中是如何运动的。

进一步来看，(62b)实际上提示运动过程用作描述观察过程。虽然在观察过程中并不存在“眼睛”在“脸上”的运动，但在此用“眼睛”代表“注意”，这样，“眼睛”在“脸”上的运动就是“注意”点在“脸”上的变化。同样是描写注意的变化，在(62c)中只是用“光”替代了“眼睛”，但是，在此不仅仅想象出来一个运动，还想象出来“光”这个实体。一旦出现实体，则发生类比，即“光运动→注意”，这样就出现跨域的类比。这种类比体现在(62d)中则是思维与运动的类比，即“思维过程是运动过程”，这明显是通过具体的运动理解抽象的思维过程，具有隐喻的属性。而在这个隐喻中“脸”在物理意义“脑子”里的运动完全是想象出来的。

需要注意的是，复现结构在表达虚拟运动上具有自身独特的实例，例如：

(63) 嚷来嚷去，大家嚷得没力气了。

对于一个个体而言，当执行“嚷”的行为时无需发生位移运动，这样，“来-去”在(63)中并不具有指称对象。如果存在运动，这个运动完全是一种想象。这种虚拟运动不同于空间实体的认知处理，在此，预设的运动过程用作描述思维过程。

简言之，虚拟运动在最初被分析成“形式是运动”(FORM IS MOTION)的隐喻，但是汉语复现结构则提示，虚拟运动中存在时间对空间的组构，这违背“时间是空间”隐喻的单向性。尽管如此，复现结构还显示，虚拟运动中也伴随着隐喻过程。

2.8 时空整合

时间与空间的整合体现在主体将两个或多个运动事件想象成一个事件①的现象，最为典型的例子是 Fauconnier & Turner(2002: 39)给出的和尚上山下山之谜，如下：

一个和尚凌晨出发，在日落时爬到了山上。他在山顶上冥想了几天后，又在凌晨出发开始往回赶，并在日落时到达山脚。假如他在整个行程中并不存在休息，谜语是，是否存在这么一个地方，此和尚在两次不同的行程中在一天的同一时刻到达？

明显，一个和尚不可能在现实中同时上山和下山。这也体现在复现结构中。当说“上山下山”时，为了使该表达具有意义，我们需要作如下两种处理：

(64) a. 为保证游客安全，姚建云检查巡视，上山下山每天行程 230 多公里。

① Fauconnier & Turner(2002)提出的心理空间整合理论时的措辞是心理空间“mental space”。这里的心理空间与认知域类似，而并非本章所指空间的一个次类，比本章所说的空间要更广泛。

b. 当我们瞻仰这长满青苔的红军路时，不断有当地居民沿着它上山下山。

在(64a)中“姚建云”作为一个人，其不可能同时执行“上山”和“下山”两个运动，而只能分段执行，为此，我们可将“上山下山”理解为“一会上山一会下山”。但在(64b)中，“当地居民”是复数群体，这样“上山下山”可理解为在同一时刻的两种行为，即“一些人上山一些人下山”。这些例子均是对现实情景的描述。

然而，在和尚上山下山之谜中，一个和尚则同时执行两个相反的行程，这种情形只能出现在想象中，而非现实中，也就是说形成一个想象性的整合事件，即类心理空间(generic space)①，如图2.11所示。在此事件中，我们可以推理出同一个和尚在一天中的同一个时刻在同一个地点相遇。在此，地点和时刻均是类。

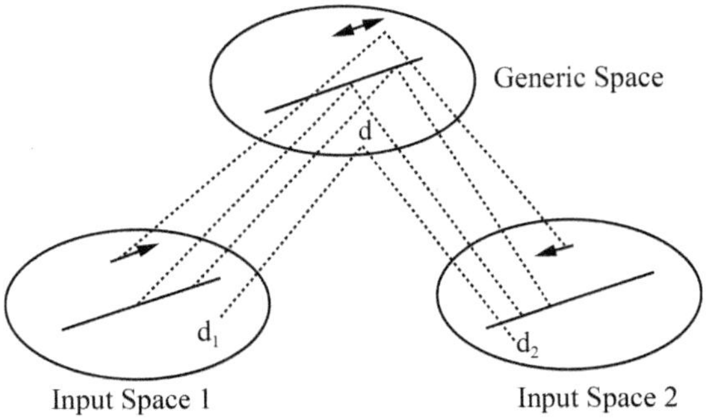

图2.11 类心理空间

地点的次类是在两个上山和下山路径中不同时刻的地点，而一天中的同一时刻也是两个不同日子的两个不同时刻的抽象。这样，新的整体事件纯粹是一种建立在类抽象基础上的想象。

基于时空整合，Fauconnier & Turner(2008：60ff.)认为虽然时空隐喻揭示出时间作为实体沿着路径通过静止的观察者，但这个结

① 整合理论中的“空间”类似于认知域或框架，与本文关注的空间域不同。前者是一种理论结构，后者是现象经验。

果浮现于整合网络之中。这个整合网络体现从运动到事件到时间的整合规约过程，例如：

(65) a. The rough stretch of road went by.

b. That stretch of road went by effortlessly.

c. The lecture went by effortlessly.

d. The first two hours went by effortlessly.

在运动中存在相对运动，如(65a)所示，"the rough stretch of road"在某个视角视为静止而在另外一个视角则可视为运动。两种不同视角的运动形成一个新的整合事件。这个整合事件可投射到主体的主观经验中，而形成新的整合空间，如(65b)所示。这种主观空间还可投射到事件上，从而形成另外一个整合空间，如(65c)所示，在此，事件如路径一样相对于主体运动。而进一步的投射是，路径可投射到时间段上，如(65d)所示，从而形成更新的整合空间。这也意味着，虽然在时空隐喻中时间可视为实体，但是这种投射关系是浮现于一系列的整合空间网络并最终得以显见的。

虽然整合理论并非否认时空隐喻的有效性，但是该分析提示时空隐喻在语言中的体现并非是孤立的，而是基于使用而浮现的。这种浮现性也体现于复现结构中，例如：

(66) a. 洪水源于暴雨，来得快去得快。

b. 流感往往由病毒所致，且来得快去得也快。

c. 好日子来得快去得也快。

在(66a)中"洪水"的物理运动相对于自我所在的位置，其运动速度具有客观的衡量标准；在(66b)中，通过整合投射，物理运动与流感事件形成新的整合事件，其发生相对于自我的运动，其速度仍然具有一定客观性；在(66c)中运动、生活与"好日子"发生整合形成新事件。也就是说，抽象时间被理解为物体运动，这个理解过程的背后具有一系列的整合概念网络作支撑。

抽象时间的测量也通过概念整合得以实现。例如，我们通过时钟来表达循环往复的时间，如图 2.12 所示(Fauconnier & Turner 2008：58)。从经验上，我们对日夜的感受是太阳的升降，这种升降变化被抽象为不可逆的时间流逝。在标记这种时间流逝时，我们则通过具有时钟指针的运动来表示。这样，日升日落的空间被压缩为一个表盘，而日夜的不可逆往复则被投射到一个循环的表盘外围路径上。以此我们可通过表针的运动来测量时间的运动，与此同时，表针的运动路径则成为 Evans(2013a)所提出的时间周期性参照框架。在汉语中这种表盘的时空互动具有心理现实性(赖斯燕等 2014)。当然，在此的时间是抽象意义上的时间。在此框架中，真正往复的并非是时间本身而是日升日落的往复与表针往复运动的同步。这种基于整合概念的时间往复也体现在复现结构中，例如：

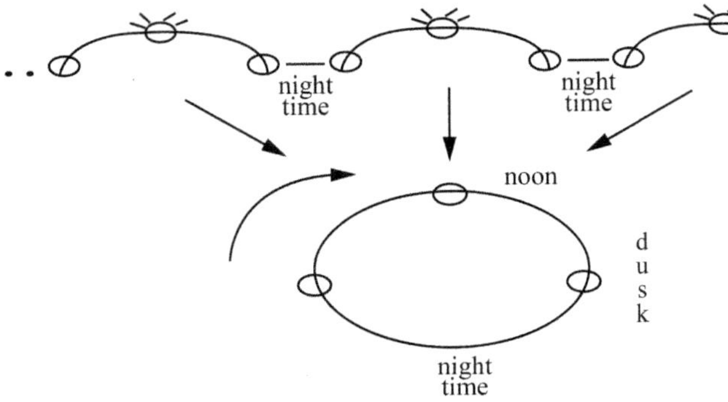

图 2.12　时间周期整合示意图

(67)他们无声忍受着风吹雨淋，默默地看着春来春去，默默地看着花开花落。

“春来春去”表达时间段参照自我的往复，而“花开花落”则表达事件参照自我的往复，在此，事件往复被投射到时间的流逝上。既然“春来春去”或“花开花落”已经是高度规约化的表达，从某种程度上可视为具有构式性(Goldberg 1995，2013)的整体，这说明，复现结构中的时空整合一定程度体现整合是语言构式的机制之一(Fauconnier & Turner 1996)。

2.9　小结

本章结合复现结构回顾时间域和空间域的主要内容，并厘清时间与空间所形成的相关、类比、依存、转喻、隐喻和整合等时空互动关系。时空相关强调时间与空间存在经验上的联系；时空类比强调时间与空间具有共同的属性；时空依存强调时间性的事件必定预设空间的实体；时空转喻则强调时间与空间以经验为基础在语言上的相互通达；时空隐喻则强调通过空间来理解、表述和组构时间；时空整合强调时空隐喻在语言中是基于概念整合的浮现。这些不同的时空互动不能相互替代，也不能将一种互动强加到另外一种互动上。

这些不同的时空关系均指向一点：如何看待时空隐喻。时空相关的主张主要体现于认知时空，这是对物理上时空相关的一个扩展版。该理论的提出主要是否定将虚拟运动视为一种隐喻而提出，其逻辑是，在虚拟运动中空间包含时间，时间包含空间，这在某种程度上与以事件认知域为基础的时空整合相通，而时空隐喻则预设时间与空间的分立，这样就形成理论解释上的不一致。

时空类比源于对时空隐喻的类比界定，该界定将隐喻视为两种不同认知域在结构上的类比。然而，时间具有不同于空间的性质和结构，为此，类比则不能完全描述时间自身的属性。

时空依存指在时间概念化中空间实体是时间关系的必然参与者。这提示时间与空间具有一体性，从而否定时间与空间的相互分离。这种时空经验性的相关还体现在时空转喻上，即并非在所有表达中时间均需通过空间来理解，而是空间需要时间来激活。

所有这些时空互动并非是否定时空隐喻的普遍性，而是强调时空隐喻在解释语言现象时需要具有一定的限制。之所以要如此限制是因为，在语言中时间与空间实际上也可相互分离，而从时空整合角度看，这种分离是基于一系列的概念整合的结果。这种整合浮现的分离在复现结构中有体现。为了更为详尽地了解复现结构中所体现的各种时空互动规约，则需要以恰当的方法作更为细致的个案研究。

3 语言中时空互动的研究方法

3.1 以往的研究方法

在以往关于时空互动的研究中存在内省（Talmy 2000；Langacker 2012b；陈仁凯、王晶 2016）、跨语言文化比较（Haspelmath 1997；Sinha et al. 2011；Rothe-Wulf 2015；Vanek & Hendriks 2015；Bender et al. 2010；Miles et al. 2011；高原 2012；李宏德 2014；刘梅丽 2016）、语料频率（Waliński 2014）、行为实验（Bergen & Lau 2012；Casasanto & Boroditsky 2008；杨文星 2015）、神经生理实验（Kemmerer 2005）等各种不同方法，具有很强的跨学科性。实际上，在此问题的研究上体现当前认知语言学所倡导的量化实证或汇流证据的方法（Gonzalez-Marquez et al. 2007；Glynn & Fischer 2010；魏在江 2013；张炜炜 & Liu 2015）。

在认知语义学的初创阶段，Talmy（2000：4）就宣称，"事实上内省是唯一能达及现象学意义的意识内容和结构的手段"。这种内省的方法也是认知语法（Langacker 1987a，2008）创立的基石。尽管目前实证方法在发表上比较盛行，但是不可否认，通过内省方法获得的理论认识仍然是实证的检验对象和解释框架。这也体现在对于时空隐喻的考察中。

关于时空隐喻，目前实证研究主要是验证两个问题：未来在前或未来在后；时空隐喻是否具有心理现实性。就实证报告来看，相互矛盾的结果均存在。虽然 Lakoff & Johnson（1980）通过内省表明在英语中未来在前而过去在后，但是 Núñez & Sweetser（2006）通过语言表达和手势数据的汇流证据方法研究发现在 Aymara 语中未来在后而过去在前。不仅如此，Sullivan & Bui(2016)也通过语言和手势的汇流证据表明，在 Vietnamese 中时间从后向前运动。还有，Casasanto & Boroditsky(2008)通过 6 个心理实验揭示，当在作持续判断时英语母语者不能无视不相关的空间信息。甚至于，Merritt et al.(2010)通过成人与猴子之间的对比发现，在成人的非语言任务中，空间对时间判断影响较大，而时间对空间判断则影响较小，相对应地，在猴子的非语言任务中，时间与空间均存在较大的相互影响。这些研究均说明，在人的认知上，时间与空间在语言中存在非对称性。Walsh(2003)基于神经生理证据，提出量级假说(A Theory of Magnitude 或 ATOM)，认为时间与空间背后存在一个更具有一般性特征的量级系统，该理论预测时间和空间具有对称性。结果是形成时空对称与非对称的竞争态势。

这种竞争态势具体体现为不同的实证结果。Cai & Connell(2015)的行为实验表明，在触觉中时间持续更多影响空间长度判断，而在高精度的视触知觉中，时间与空间同等程度地相互影响。Homma & Ashida(2015)的研究则进一步揭示，当时间任务的难度显著高于空间任务的难度时，空间认知则不对称地影响时间认知。Waliński(2014)通过对 BNC 的语料调查发现，在运动事件的相同语义情景下，距离既可由空间表达描述，也可由时间表达描述，这提示时间与空间存在着互补。不仅如此，Eikmeier et al.(2015)还发现，在认知上前后比左右在时间投射上更具有优势。总之，汇流证据表明，时间与空间存在着复杂的互动关系。时空互动在认知和语言层面上的关系并非如 Lakoff & Johnson(1980，1999)所宣称的那样具有绝对的非对称性。

就汉语中时空互动研究而言，内省方法与量化实证方法并存，互相不能替代，并且可互补。Alverson(1994)和 Yu (1998)通过语例内省得出关于汉语中时空隐喻使用的不同结论：Alverson 认为在汉语中未来在后而过去在前，而 Yu 则认为未来在前而过去在后。如果从汉语的全部空间方向表达的使用来看，前后只是时间与空间共现的一部分，此外，还存在垂直方向的时间与空间投射(杨文星 2015)，在书写中时间与空间的左右时间线投射(Bergen & Lau

2012)。李恒(2014)甚至发现在汉语母语者手势中“未来在前；过去在后”和“未来在后；过去在前”同时存在，并且还存在“过去在左；未来在右”。这种左右时间线在汉语规约上并不存在，例如“*左日”或“*右日”均不可接受，但在启动实验中则有发现(宋宜琪、张积家 2014)。这说明，手势中与规约表达中的时空隐喻存在差别。从英汉对比的角度看，Lai & Boroditsky(2013)通过实验验证了语言分析的结果(张建理、骆蓉 2007)，即汉语母语者比英语母语者较少使用自我移动的空间隐喻。

这样看来，在时空互动研究中不同方法并非相互排斥，而是需要相互借鉴。语言演变视角有助于在歧义中确认隐喻和相关。从语言演变角度，Bybee et al.(1994：284-285)通过对比“must”与“should”的使用差异之处指出，如果一个表达在两个不同语境下存在不同的语义，则其语义演化可能存在隐喻机制，而如果一个表达在同一语境下表现出歧义性的语义，那么则可能语义演变的机制是推断，请考虑 Bybee 给出的下列例子：

(1)a. The letter must arrive sometime next week.

b. He must call Edith right now.

c. The letter must be in the mail.

d. The letter must have been in the mail.

e. He must have called three times while you were gone.

f. He must be trying to call me right now.

(1a-b)中的表达情景是将来，“must”表达义务行为；在(1c-f)中情景则分别为现在和过去，“must”表达认识。既然(1a-b)和(1c-f)是不同的认知域，那么语义的演变有可能由隐喻推动。再请考虑 Bybee 给出的“should”用例：

(2)a. The letter should arrive sometime next week.

b. The letter should be in the mail.

c. The letter should have come last week.

在(2)中所有的句子均能表达可能和义务两种意义，这提示从义务到可能语义演变的推断机制。这对考察复现结构中时空互动具有一定的提示意义。例如，“有-有”“一-一”“或-或”均存在面向空间和面向时间的歧义。这样的歧义依据 Bybee 的观点则不能认定为时空隐喻，而是时间与空间在规约词汇上的相互推断或相关。

从宏观上看，汇流证据更有助于我们观察时空互动的全貌。Casasanto(2016)通过总结汇流证据指出，在语言中的时空隐喻与思维中的隐喻存在错配，比如，向左为过去和向右为将来并没有在任何语言规约中发现。这只在更能反应思维的手势中发现。这说明时空语言与时空思维之间存在着分离性。这种分离提示，仍然有必要对时间与空间的规约化在语言中的表达展开调查。这种研究强调的是时间与空间在语言中的规约方式。

既然时空思维与时空语言是分离的，那么考察语言中的时空隐喻则未必一定需要一个单纯的认知目标，还有一个对语言的描写和解释的目的，当然，这基于隐喻使用规约(Gentner & Wolff 1997；Mashal & Faust 2009；Martínez-Manrique & Vicente 2013)。请考虑下例(Grady 1999：79)：

(3)a. He has a very cold and unfeeling demeanor.

b. ? He has a very warm and unfeeling demeanor.

b. ? He has a very wide and unfeeling demeanor.

d. ? He has a very precious and unfeeling demeanor.

虽然"cold"可用作描述"unfeeling"，但是"warm""wide""precious"则不能。这说明，在语言上不同隐喻存在着不同规约的倾向，并且这种不同的规约倾向会通过错句体现出来。这体现在复现结构中，例如：

(4)a. ? 想上想下　　b. * 想南向北

c. 想前想后　　d. 想来想去

e. ? 想左想右　　f. 想里想外

g. 想东想西　　h. 想这想那

"来-去"和"东-西"是较为常规的组构"想-想"的方位，而"左-右""前-后""南-北"等共现方位则不能与"想-想"共现，这区别于"忙-忙"：

(5)a. 忙来忙去　　b. 忙前忙后

c. 忙东忙西　　d. 忙上忙下

e. 忙左忙右　　　　f. 忙进忙出

g. 忙里忙外　　　　h. ＊忙南忙北

显然，“忙-忙”比“想-想”能更灵活地适用各种空间范围对。这均表明内省方法在揭示复现结构中时间与空间互动上具有有效性。

总之，在时空互动研究中内省和实证的方法各自发挥不同的作用，前者重在理论假设，而后者重在探究真伪。而汇流证据显示，时空互动在认知与语言层面上存在一定分离性。这提示，深入考察在语言中时空互动的规约具有必要性。

3.2 内省与语料结合的方法

本研究采取内省与语料结合的方法。之所以采取此方法主要有三点考虑：

一，内省为认知语言学初创时的主要方法。实际上，很多研究均是建立在此方法之上，问题的呈现和解释也均需要采取此方法。至今，即使在强调量化实证转向的认知语言学中，内省方法也并未得到弃用。例如，张建理(2003)通过内省提出左视右视认知，Langacker(2012a)通过内省的方法提出时间的多种角色，Moore(2011)则通过内省方法提出时空隐喻中存在自我视角和区域为基的两种指称框架，Yu(2012)通过内省考察汉语时空隐喻提出需要区分时间指称和人指称的时空隐喻，Moore(2016)通过内省方法说明时空隐喻分析的原则。另外，范娜（2012，2014)通过内省构建虚拟运动的认知机制，李秋杨(2014)通过内省探究虚拟运动中的类型学意义，肖燕、文旭（2012)通过内省考察时空转喻，王文斌(2013)则通过内省提出汉语的空间性与英语的时间性取向之别。这些研究均说明，内省方法在考察时空互动上仍是不可或缺的方法之一。

二，顺应认知语言学研究方法的新趋势。在认知语言学中语言是基于使用的(Langacker 2001；Bybee 2007，2010)，这种取向使得语料库方法获得发展。例如，Steen et al.(2010)通过语料考察英语中隐喻的使用情况，Shutova et al.(2013)则讨论隐喻在语料中的标记问题。就时空互动的研究而言，蓝纯(1999)借助语料库发现空间可用作描述包括时间在内的多种抽象概念。钟书能、黄瑞芳(2015)在回顾中进一步呼吁采取语料方法探究虚拟运动。

三，内省与语料可互补。内省可使用语料中的真实语料作内省，这样可一定程度消解内省仅凭个人语感想出的缺乏语境的语例所导致的个体差异，另外，语料频率分布可提示语言表达的规约程度或固化程度(Blumenthal-Dramé 2012；Arnon & Snider 2010)。

我们将内省与语料结合的具体做法如下：

从真实语料出发，作内省的替换、颠倒、对比等操作；

内省表达与语料表达作对比，考察二者之间的差异；

在这种内省与语料相互参照中存在三种可能：

第一种可能：二者相互匹配

第二种可能：内省可接受但语料不存在

第三种可能：语料存在但内省不可接受

首先，在内省与语料匹配的情况下，存在表达间距与内省歧义的相互匹配(马书东、梁君英 2015)，例如：

(6)a. 哪来□哪去　　b. 哪来□□哪去

b. 哪来□□□哪去　　d. 哪来□□□□哪去

通过内省可知，随着“哪来”与“哪去”或“哪”与“哪”之间的间距越长，越有可能将“哪来-哪去”解读为“从哪儿来？到哪儿去呢?”，而间距越短则越倾向于解读为“从哪儿来就要回哪儿去”。这种内省的不同倾向实际上也能获得频率的支持：

此类结构存在互补的分布，即在短间距中前类解读存在优势，而在长间距中后类解读存在优势。这样，内省趋势与频率分布存在一致性。

其次，内省可接受而语料则不存在，例如(自造句)：

(7)你这<u>又上又下</u>的，我看着头晕。

“又上又下”表达两个相反过程的列举。虽然在(7)中“又上又下”明显可以接受，而此类使用在 CCL 中却并不存在。这说明，内省的语言知识与语料的语言知识存在不匹配。这种不匹配提示，内省方法对于探查语言结构具有自身的不可替代之处。当然，在使用内省方法时，如果多征询母语者的判断，也算是一个小规模的调查。尽管这种调查并不展示量化的数据，但是其结果也会更具有可靠性和稳定性。

再次，内省不容易接受而语料却存在。比如说，最近在微信中广为流传的"且行且珍惜"，已经具有一定的规约度，其中"且-且"表达同时之义。这种同时之义在更多的语例中得以验证，例如：

(8)我们又都酒醉饭饱，沿公路且谈且走/边谈边走，优哉游哉。

(9)蒋夫人提议驱车出游，且行且谈/边行边谈。

在(8)中"且-且"可由"边-边"替代，并不影响实质性语义。这种同时之义对"A-B"要求是二者不能是相反过程。这样的话，如果说"？且沉且浮"，从直觉内省上看，很难接受。

然而，此例在CCL语料中确实是存在的，如下：

(10)在我国，图书的出版发行，在市场经济的大潮中沉沉浮浮已经好几年了。也许图书走红商厦，便是这且沉且浮/一会沉一会浮之后显露出来的一个信号。

在(10)中，"且-且"并不能表达同时之义，而是表达相继关系，可由"一会-一会"替代。这表明，"且-且"可表达同时和相继两种时间框架。

这两种歧义性的框架需要借助语境才能确定，请考虑下例：

(11)那囊奴克被追得无处藏身，只得且战且走/边战边走/时战时走。

(12)世界棉花市场潮起潮落全球纺织行业且喜且忧/＊边喜边忧/时喜时忧。

在(11)中"且-且"既可解读为同时，由"边-边"替代，也可解读为有时，由"时-时"替代。然而，在(12)中，"且-且"则只能由"时-时"而不能由"边-边"替代①，原因是"潮起潮落"已经为全句设定了相继反复预设，使得"且-且"在此情景下只能解读为相继。

① "边喜边忧"不可接受的另外一个原因是"边-边"对"A-B"的选择性要求。

内省与语料的错配说明个人语言知识与社会规约知识存在着差别；内省与语料的匹配说明个人语言知识与社会规约知识具有相互重合的地带，否则交流则不会高效。总之，内省可用作探查个人语言知识，而语料则可用作探查社会规约，二者揭示语言概念结构上存在互补。

通过内省与语料相结合来考察“CACB”式复现结构中的时空互动就是考察“C-C”与“A-B”之间的匹配情况。以往对此类结构的研究表明“C-C”或“A-B”均可作为框架或内容。例如，“半A半B”（邵敬敏、黄燕旋 2011）、“大A大B”（余俊宏 2015）、“又A又B”（郭风岚 2000）“一边A一边B”（王弘宇 1997）“一V一V”（殷志平 1996）“有X有Y”（Wu 2014）等之类的复现结构中，“C-C”为常项框架，而“A-B”则为变项内容；在“V来V去”（张秀芳 2014）中，“C-C”为变项内容，而“A-B”则为常项框架。

在这些不同的复现结构中，由于常项的性质差异，有的常项一直充当框架，例如，在“又A又B”中“又-又”则一直充当框架，而在“时A时B”中，“时-时”则未必一定是框架，例如，“走时跑时”中“时-时”则为指称的内容。对此区别，在具体考察中会予以说明。

而就时间与空间互动而言，我们主要关注“C-C”与“A-B”之间形成的框架-内容或内容-框架的组配。在这种框架-内容组配结构中，框架-内容与时间-空间形成2×2的组配格局，如表3.1所示：

表3.1 **框架-内容与时间-空间的组配**

CACB	C-C	A-B
又高又大	时间性框架	空间性内容
边走边吃	空间性框架	时间性内容
一桌一椅	类比性框架	空间性内容
一来一回	类比性框架	时间性内容
忙上忙下	时间性内容	空间性框架
炕上炕下	空间性内容	空间性框架
时起时伏	时间性框架	时间性内容

当“C-C”为时间性框架而“A-B”为空间性内容，则形成时间组构空间的结构，如“又高又大”；当“C-C”为空间性框架而“A-B”为时间性内容，则形成空间组构时间的结构，如“边走边吃”；当“C-C”为时间与空间共享的类比性框架，而“A-B”为空间性内容或时间性内容时，则时间与空间形成类比对，例如“一桌一椅”“一来一回”；当“C-C”为时间性内容而“A-B”为空间性框架时，则形成空间组构时间的结构，例如“忙上忙下”；当“C-C”为空间性内容，而“A-B”也为空间性内容时，则会形成空间指称性表达，例如“炕上炕下”；当“C-C”为时间性框架，而“A-B”为时间性内容，则会形成时间指称性表达，例如“时起时伏”。

当然，这些“CACB”结构在语料中并非均以四字格的形式出现。在语料库中，无论“C-C”还是“A-B”的字数上均存在不确定性，例如单字的“边-边”也可体现为双字的“一边-一边”，单字的“时-时”可以体现为双字的“时而-时而”。这样，如果以某个单字作为常项在语料中查找此类实例，则各种实例会分布在一个以常项为参照的间距维度上。如表 3.2 所示，“忽 A 忽 B”结构的实例分布在不同间距维度上。这样，可以通过统计不同间距维度上实例的频率来考察此结构受频率影响的方式，也可考察其是否存在与内省印证的间距效应。

表 3.2　**“忽 A 忽 B”结构间距分布示例**

间距	实　　例
忽+1 忽	笑声[忽]远[忽]近，也不知究竟是往哪里传来的。
忽+2 忽	满山遍野的人影如鬼魅，[忽]伏、[忽]起，乍散乍合
忽+3 忽	铁爪[忽]而张开[忽]而捏紧
忽+4 忽	它们[忽]而跃起，[忽]而潜入水中
忽+5 忽	一圈神秘的水纹，[忽]然不见了，[忽]然又出现
忽+6 忽	在枪炮不停的射击声中，[忽]而出现步兵，[忽]而出现骑兵
忽+7 忽	身子[忽]而对着旁听者，[忽]而对着陪审员。

3.3 语料提取对象的特征

在 CCL 中存在着大量 ABAC 的四字格表达，达到 691，128 条①，但是这些共现并非均能构成在 1.3 中设定的“CACB”的概念分组标准，重复如下：

[CACB]形成一个即时组配；

[C-C]形成一个即时规约组配；

[A-B]形成一个即时规约组配；

在形式和意义上 C=C；

在形式和意义上 A≠B。

本研究并非关注形式意义上的“CACB”，而是关注此类对称性复现结构中在“C-C”与“A-B”之间存在时空互动的类型。这排除“V 着 V 着”(王继同 1990)、“V 一 V”(罗远林 1987；邢福义 2000；徐连祥 2002)、动词重叠(范方莲 1964)、重动句(项开喜 1997；Tai 1999；陈忠 2012)、反复体(钱乃荣 2000；刘鸿勇等 2013)等复现结构。

就本研究的研究目的而言，我们关注三类复现结构：时间性、空间性和类比性。当常项表达时间时，语料中存在如下类型的复现结构，如表 3.3 所示：

表 3.3　　时间性复现结构的语义示例

时间对	持续	相继	周期	同时
忽 A 忽 B	✓	✓	✓	
乍 A 乍 B	✓	✓	✓	
又 A 又 B	✓	✓	✓	✓

① 此数据提取时间为 2013 年 9 月 3 日。如此庞大的分布数量在认知上对语言加工具有影响。刘振前、邢梅萍(2003)指出此类结构易于高频且易于记忆，张辉等(2012)则通过 ERP 研究发现四字格在理解中易于加工。

续表

时间对	持续	相继	周期	同时
时A时B	✓	✓	✓	
即A即B		✓	✓	
随A随B		✓	✓	

利用Evans的时间分类，可以对“忽-忽”“又-又”“时-时”“即-即”“随-随”等时间框架进行描述，可以看出，这些框架表达不同类型的时间。这只是粗略的分类，复现结构事实上体现更为具体的时间内容。

“时A时B”“忽A忽B”“乍A乍B”“又A又B”中“时-时”“忽-忽”“乍-乍”“又-又”均能表达行为的即时相继反复系列，均指向说话人所观察到的即时情景，所不同的是“又-又”也会表达同时，例如，“又说又笑”中“说-笑”在具体语境中可被视为不同人的同时行为，“忽-忽”或“乍-乍”存在短时之义，“时-时”则是较为常规的表达。相对应地，“即A即B”“随A随B”中“即-即”“随-随”虽然均表达短时，但此短时不仅仅是行为本身的短时，还表达行为之间的短时，并且这种短时行为是规律性的、周期性的，而非当时当地的即时性反复。另外一个最重要的区别是“即A即B”和“随A随B”中“A-B”不能指向空间，例如“ * 即高即低”“ * 随高随大”均不可接受。

当常项表达空间时，存在如下类型的复现结构，见表3.4：

表3.4 **空间性复现结构示例**

空间对	指称	拓扑	内异	绝对	相对
边A边B			✓		
一头A一头B			✓		
一面A一面B			✓		
C这C那	✓				

续表

空间对	指称	拓扑	内异	绝对	相对
C前C后					✓
C上C下					✓
C左C右					✓
C东C西				✓	
C来C去					✓
所A所B					✓
C内C外		✓			
大A大B		✓			
小A小B		✓			

根据 Levinson 并存和协同时间框架系统，如表 3.4 所示，可对这些复现结构进行较为粗略的分类。“边-边”表达某实体的外围部分，在空间层面上提示实体的空间结构，而在充当框架时，例如在“边走边吃”中，“边-边”表达同时。“一头-一头”“一面-一面”也均常规提示实体的某个部分，也表达同时之义。这些均体现实体内异性的空间结构关系。相对应地，当“C-C”为过程时，“这-那”“前-后”“上-下”“左-右”“东-西”“来-去”均可组构持续，例如“忙前忙后”“忙上忙下”“忙东忙西”“忙来忙去”“左等右等”均表达持续过程，而空间对所指称的方位并不明确，这些空间对中除了“东-西”表达绝对关系和“这-那”表达指称外，其他均表达相对性空间关系。

尽管存在此差别，但在组构持续性上并不存在本质差别。当然，并非所有的空间对均指向时间，例如“所见所闻”“课内课外”均指向空间。“所见所闻”中“见-闻”指向所观察到的实物，而在“课内课外”中“课-课”被视为实体性的事件。这样，“所-所”引导过程面向实体，而“内-外”引导事件面向实体化。而“大-大”或“小-小”既可表达实体的体积也可表达过程的程度。例如“大嘴大脸”“小鱼小虾”均表达实体的体积，而“大起大落”“小打小闹”则表达过程的程度。

当“C-C”为类比框架时，语料中存在如下类型的复现结构，见表3.5：

表3.5　　类比复现结构的语义分布

类比	选择	存在	数量	否定
或A或B	✓			
有A有B		✓		
一A一B			✓	
没A没B				✓

“或-或”“有-有”“一-一”“没-没”分别固化为选择、存在、数量、否定，这些表达在使用中可分别指向时间或空间。例如，在“或说或唱”中“或-或”组构时间性过程，而在“或长或短”中则组构空间维度；“有-有”在“有高有低”中组构空间维度，在“有说有笑”中则组构时间性过程；“一-一”在“一蹦一跳”中组构时间性过程，而在“一砖一瓦”中则组构空间实体；“没-没”在“没边没沿”中组构空间格局，而在“没打没骂”中则组构过程。

这些复现结构的典型表现是四字格。以四字格为基础，复现对与对比对交错匹配，从而形成一个连续性的分布，如图3.1所示：

边说边笑 ↔ 边征边退 ↔ 即征即退 ↔ 随征随退
↕
又说又笑 ↔ 又哭又笑 ↔ 忽哭忽笑 ↔ 忽上忽下
↕
或长或短 ↔ 或明或暗 ↔ 时明时暗 ↔ 时上时下
↕
有长有短 ↔ 有来有往 ↔ 一来一往 ↔ 一日一夜

图3.1　复现结构之间的连续性分布示例

交错式的分布一方面可能造成两种不同的结构存在语义上重叠

的可能性，例如“边说边笑”或“又说又笑”，这就需要对不同的结构进行区分。而另一方面，这种交错分布更容易搭建最小对比对从而进行内省考察。另外，此类结构中存在一个固定共现对，以此类共现对为锚定项，可以考察各种复现结构在间距上的频率表现。这样，我们可根据研究的问题选择性地考察间距维度上不同复现结构用例的分布情况。当然，并非所有的复现结构均适合考察其间距维度上的分布。

需要强调的是，由于本研究关注的是复现结构中语义内容，这就意味着在考察复现结构的频率时需要通过人工对每个实例进行理解性的判定，这实际上意味着，如果我们考察对象的频率过高，那么其劳动强度则随之升高，这使得单凭一人之力而无法完成。为此，在本研究中，我们采取的策略是选择在以往研究中关注较多的现象进行更为深入而详尽的考察。为此，本研究并非是针对所有复现结构的穷尽式考察，而是以代表性的方式进行考察。

3.4 语料提取范围和步骤

本研究的目的是运用内省与语料结合的方法考察复现结构中时间与空间的互动。内省与语料的结合不仅是语料提供实例，而内省用作替换操作，语料还能提供一定的频率。这样，在考察对象选择时需要具有一定的频率，还需要存在时间与空间的互动。为此，我们选择出如下几个复现结构进行深入考察，见表 3.6：

表 3.6　　**本研究深入考察的复现结构**

时间框架	空间框架	类比框架
又 A 又 B	C 前 C 后	一 A 一 B
时 A 时 B	C 左 C 右	或 A 或 B
忽 A 忽 B	C 上 C 下	有 A 有 B
	C 来 C 去	没 A 没 B
	边 A 边 B	不 A 不 B

这些复现结构中的常项在以往的研究中具有框架性使用，而且关注较多。当然，在实际语料实例中，有的共现对有时充当内容，有时充当框架。这种框架-内容的切换有助于揭示时间与空间的互动。

为了获取考察对象，需要经过如下步骤：

以常项为准入条件，提取其共现间距在1-7的实例；

确定常项在同一个即时组配内；

确定“C-A”与“C-B”对称；

确定常项语义的时间或空间类型，或其他类型；

确定变项语义的时间或空间类型，或其他类型；

统计“CACB”结构常项和变项的各种时间或空间的语义频率。

需要说明的是，在可体现为时间与空间互动的时间性框架或空间性框架复现结构中会提取间距频率，而在类比性框架中则不提取间距频率，原因是在类比性框架中典型的时间与空间实例所占整体实例频率过低，另外也难以确定“A-B”的时间与空间取向。

在这些步骤中，只有步骤一是从CCL语料库中自动提取，其他各个步骤均是人工操作。语料库自动提取的公式是：“C+XC”或“A+XB”，例如，“边+1 边”“来+1 去”可返回在符距+1内所有具有“边-边”“来-去”共现的实例，可通过将“+1”变为“+2”“+3”等等从而获得其他符距上的共现实例。

之后，需要对共现实例进行手工标记，需要分别确定“C-C”或“A-B”表达的内容为时间性、空间性或类比性，还要考察“CACB”整体结构义。在此基础上确认时间与空间在特定“CACB”复现结构中的互动。在这个过程中，首先关注间距为+1的实例，之后扩展至全部复现结构实例，进而考察语义结构在时间性内容或空间性内容上的选择性倾向。

3.5 小结

本部分关注时空互动研究中的不同研究方法，这涉及内省、语料、跨语言对比、神经生理、行为心理等方法。这些不同的方法在时空互动研究中起到不同的作用，不能相互替代，呈现互补性。内省方法是传统的方法，主要用于理论的构建和假设的提出，语料方法主要用作关注时空互动的语言规约，跨语言对比解释时空互动的跨文化差异和共性，行为心理解释时空互动在认知层面的操作机制，神经生理方法主要关注时空互动的神经生理表现。

虽然认知语言学主张方法的多样性，但对于任何一个研究者而言，其所精通的方法均具有各自的偏好。考虑到我们的研究目的是关注汉语复现中时空互动的规约情况，本研究选择内省与语料相结合的方法。此方法充分考虑时空互动研究国内外的现状，同时又兼顾认知语言学的实证取向。

本研究的不同做法是，内省与语料的结合一方面是相互补充，而另外一方面则相互印证。以此为方法，本研究选择性地确定具有较高频率和较高关注度的复现结构作为深入考察的对象。

4 空间作为时间的框架

此部分主要通过考察在 CCL 语料中表 4.1 所示的复现结构来揭示时间与空间的互动关系。

表 4.1 **协同类和并存类空间复现结构**

协　　同	并　　存
C 前 C 后	边 A 边 B
C 上 C 下	C 来 C 去
C 左 C 右	

这些复现结构中的常项均指向空间。在协同类的常规使用中，“前-后”“上-下”“左-右”所表达的空间关系涉及角度，三者的不同在于所指面向与中心参照点形成的角度的差异；在并存类的常规使用中“边-边”和“来-去”则不涉及角度，“边-边”提示实体内部中心-边缘的关系，而“来-去”提示距离中心参照点远近的动态关系。两类复现结构的共同点是预设中心参照点为自我。两类结构涵盖空间域的主要内容：物体、物体关系和物体运动。

4.1 “C 前/上/左-C 后/下/右”与时空互动

既然在“C 前/上/左-C 后/下/右”中常项已然为空间关系，那么整体结构所体现的时空互动则由变项决定。通过对 CCL 的考察发现，在此三类结构中，“前-后”“上-下”“左-右”虽然均表达空间关系，但具有不同的内容，而“A-B”除涉及时间域之外，还涉及时空性内容以及其他域，如表 4. 2 所示：

表 4. 2　　空间域、时间域和时空性内容涵盖的范围

空间域	实体	部分	指向	空间关系
时间域	运动①	行为	过程	时间关系
时空	人物	事件	表达	国家
其他域	量级	否定	/	/

当“A-B”为时间性内容时，此类结构最直接地体现时间与空间的互动关系。然而，如果考察此类结构的本质，则需参照其他组配。

4. 1. 1　空间性“C-C”与时空互动：实体、部分

在 CCL 语料中，当“C-C”指向空间域表达实体或部分时，“前/上/左-后/下/右”复现结构存在差别，如表 4. 3 所示：

表 4. 3　　“前-后/上-下/左-右”与“C-C”组配示例

C-C	时/空	C 前 C 后	前 C 后 C	C 上 C 下	上 C 下 C	C 左 C 右	左 C 右 C
实体	空间	车前车后	前窗后窗	坝上坝下	上牙下牙	山左山右	左臂右臂
部分	空间	/	前面后面	/	上面下面	/	左边右边

当“C-C”前置于“A-B”时，表达同一的空间实体，且该实体为空间对的中心参照点，例如：

（1）a. 车停在外，一夜之间，车前车后的漂亮标志不翼而飞，成了“秃头光腚”。

b. 十万大军排满大坝，坝上坝下，车马嘶鸣，炮声隆隆的岁月。

---

① 原则上，运动为时间域和空间域共享，此处为论述方便将其置于时间域内。

b. 全城在他的眼中，他觉得山左山右不定藏着多少政匪与仇敌。

在(1)中“车-车”均指称同一辆“车”，是“前-后”的中心参照点；在(2)中“坝-坝”指称同一座大坝，“上-下”以此大坝为中心参照点；在(3)中“山-山”指称同一座山，“左-右”的中心参照点则为此山。

而相对应地，当“C-C”后置于“A-B”时，则“C-C”为不同的实体，而中心参照点则为语境中所预设，例如：

(2) a. 一辆辆出租车都冲洗得干干净净，前窗后窗贴个偌大的“喜”字。

b. 我们一家吓得上牙下牙打起了仗。

b. 两名契丹兵忙分别拉住了他左臂右臂，大声斥骂，拖着他走进了大屋。

在(2a)中“前-后”的中心参照点为前文中的“出租车”，“窗-窗”指位于出租车上不同方位的两个实体；在(2b)中“上-下”的中心参照点为上牙堂与下牙堂之间的位置，“牙-牙”分别指不同种的牙齿；在(2c)中“左-右”的中心参照点在于人体躯干的中心线，“臂-臂”指称不同的身体部位。

两相对比，明显存在整合性的构式对应：

形式：	C 前/上/左-C 后/下/右		前/上/左C-后/下/右 C
	|	vs	|
语义：	实体定位方位		方位定位实体

在“C-C”前置构式中以实体为参照确认方位，而在“C-C”后置构式中以方位为参照确认实体。

基于这样的规约，当“C-C”并非表达实体，而只是指向实体的某个部分或只是通过双音节补充方位词所表达之义时，由于不能形成实体-方位依存，则难以前置于“A-B”。这体现在 CCL 语料库中则是，当“C-C”表达“部分”时，则基本并不存在前置实例，而只存在后置实例，例如：

(3) a. 咖啡馆多设在街头或街尾，有时前后都有，或前面后面旁边一连几家。

b. 中舱与头舱艄篷分界处都有六扇书画小屏门，上方下方装在不同的几条槽里，要开要关，只须左右推移。

b. 庙身的左边右边都安着接泉水的粗毛竹管，这就是天然的笙箫。

在(3)中"面-面""方-方""边-边"均表达方位，这样并未形成实体与方位依存对，根据上述的构式规约，则难以后置。为此，当"面-面""方-方""边-边"表达方位时，"＊面前面后""＊方上方下""＊边左边右"则不能接受，当然在CCL语料中也未发现。

尽管这种共同的构式规约倾向，也并不意味着"C前/上/左-C后/下/右"具有相同的概念表征取向。当"上-下"前置时，除了用作指称实体空间方位，还倾向于表达方向性过程，这种使用则并不出现在"前-后""左-右"共现对上。例如，在"上车下车"中"上车"和"下车"表达两种方向相反的过程，其中"车-车"表达一类实体，是否指称同一实物具有灵活性。

这种过程和方位的选择性会受到所组构实体本身属性的限制，请考虑下例：

(4) a_1. 上唇下唇　　　a_2. ？唇上唇下

　　b_1. 上山下山　　　b_2. 山上山下

我们可以将($4a_1$)中的"上-下"解读为两个对立的空间方位，但是不能解读为两个过程。原因是，从经验上看人的运动过程只能发生在比身体大的实体上，而不能发生在比自身小的实体上。这种经验上的规约限制了($4a_2$)的可接受度。最起码从常规的解读看，并不能理解此结构所表达之义。这种与身体运动经验要求相关的表达在(4b)中则不受限制，原因是"山"比人的身体在体积和面积上都要大，并且是人常规活动的场所。简言之，"上-下"体现人自身与运动之间在经验上的统一。

除此之外，即使在表达身体部位上，"上-下""前-后""左-右"也具有不同的倾向，例如：

(5) a_1. ？前肢后肢　　a_2. ？前臂后臂　　a_3. 前脚后脚

　　b_1. 上肢下肢　　b_2. ？上臂下臂　　b_3. ？上脚下脚

　　c_1. ？左肢右肢　　c_2. 左臂右臂　　c_3. 左脚右脚

"肢"分上下，"臂"分左右，"脚"分左右。明显，在静态描述中身体的各个部分均具有自身的特定空间描述倾向。不过，在运动情景中"前脚后脚"也可表达意义。比如说，在军训的场所，"前脚绷后脚蹬"用来描述走正步的要领。

空间对的倾向性不仅体现在组构身体部位上，也体现在指称身体的差别上，例如：

(6)从一进屋，黛二就感到一般涌动的气场在她身前身后身上身下徐徐滚动。

(7)小衫子粘在身上，她上身下身往两头使劲，肚子就从衫子下露出来。

我们从CCL语料中只能看到"身前身后"，如例(6)所示，而找不到"＊前身后身"。另外，语料中存在"身上身下""下身上身"，如(6)和(7)所示，但不存在"？身左身右""？左身右身"的用例。

此外，在复现结构中部分的指称存在实体内和实体外之别，例如：

(8) a_1．楼的前面后面都要留一个门。　(自造句)

a_2．一场大雨过后，车的上面下面进水了。

a_3．房子的左面右面各有一个烟囱。

b_1．在排队时，人的前面后面需要预留空间。(自造句)

b_2．左面右面枪声乱响，不知是哪个据点出来的敌人也打着枪包围上来了。

b_3．诺第留斯号的四周，上面下面，都是不可通过的冰墙。

在($8a_1$～$8a_3$)中"面-面"分别为楼的前后局部、车的上下局部、房子的左右局部；在($8b_1$～$8b_3$)中"面-面"不再指向实体内部，分别指人的邻近区域、说话人的邻近区域、船的邻近区域。

简而言之，在空间经验表达中前置"C-C"和后置"C-C"在与"前-后""上-下""左-右"进行组配时，表现出三类空间对均适用的构式化倾向，但在共性的背后也隐含着空间对各自不同的组构倾向。

这种不同的倾向也体现在空间域的隐喻扩展上。当"C-C"表达实体时，“CACB”主要涉及两类隐喻：“时间是空间”和“社会角色是空间方位或实体”，这体现在“线上线下”“上线下线”“脚前脚后”“前脚后脚”上。在这里，“线-线”表达沟通的抽象平台，而“上-下”则表达“线”所隐喻的抽象平台是否处于利用状态。“线上”表达处于利用状态，“线下”则表达非利用状态，而“上线下线”则表达启动或终止此状态。这样，从时间角度看“上-下”提示两种持续状态的切换。

除此之外，还存在“时间段是空间距离”的隐喻，例如：

(9) a. 荣夫人杨鉴清想，半小时，不就是前脚后脚的事吗。

b. 脚前脚后，我刚走，沈阳市农垦总公司党委副书记崔国良到报社来了。

从空间经验上看，如果依据实体-方位依存与方位-实体依存两个构式的话，“脚-脚”在(9a)中指不同的脚，这样，“前脚后脚”提示脚迈开一步的距离，在(9b)中则指同一只脚的邻近区域。毕竟，无论是人迈开一步的距离还是一只脚的前后相距的距离，均为较短的距离，为此，尽管构式层面的解读不同，但当投射到时间长度上均表达时间之短。

尽管“时间是空间”的隐喻体现在实体复现结构上，但CCL语料显示，此隐喻并不能体现在部分类的复现结构上，也就是，没有发现“面-面”“边-边”与“A-B”组配的复现结构中体现时间的空间隐喻。既然在“前面后面”之类的表达中并不存在实体，这提示，时空隐喻的系列推理中“时间是实体”可能具有基本性。

而一旦出现实体，则仍然存在“时刻是空间实体”的隐喻表达，例如：

(10) a. 他们的双手随着前进的节奏，轮流在身前身后/＊前身后身击掌。

b. 他在政治“歧路”上的一些表演给他身前身后/＊身左身右/＊身上身下的评价造成了严重的误区。

“身前身后”中“身”被理解为死亡事件的节点，也就是“生是身”的隐喻，其推理是：“身前”是“死前”，“身后”是“死后”。这种时间的空间隐喻投射，如(10)所示，只能适用于“前-后”空间对，而不能适用于“上-下”或“左-右”空间对。

“上-下”空间对主要体现“社会关系是空间关系”的隐喻，例如：

(11) 是她上面下面/？左面右面/？前面后面的找人，把贺叔叔从瓜棚里弄回城里。

(12) 数字只要年年增加，上边下边/？左边右边/？前边后边的干部就都安心。

在(11)中“上面-下面”和“上边-下边”是通过空间关系表达社会中的层级关系，不同的方位被视为不同的社会阶层，推理是：在上的为高级阶层，在下的为低级阶层。这与蓝纯(1999)对单一“上”或“下”的使用判定相印证。刘晓宇、刘永兵(2016)则通过语料考察发现，这种隐喻在英汉中存在一致性。此处的实例表明，这种社会关系的空间隐喻不适用于“前-后”“左-右”。

总之，空间性的“C 前/上/左-C 后/下/右”复现结构整体上主要表达空间关系。这种空间性复现结构不仅体现“时间是空间”的隐喻，还能表达“社会等级是空间方位”的隐喻，这说明空间域在概念构建中具有一定的基础性①。

4.1.2 时间性 C-C 与时空互动：运动、行为、指向、时间

与“前-后”“上-下”“左-右”组配的时间性“C-C”分别表现为运动过程、对象过程、虚拟过程和抽象时间。在此所称的运动过程是伴随着明显实体位移的过程，其位移的范围为“前/上/左-后/下/右”所标记；而所说的对象过程则是此过程具有明显的作用对象；虚拟过程是指表达运动的方向和路径，而不提示具体的过程；抽象时间则表达相继或持续过程中时间的标记，其与实体类存在交叉。虽然此类结构主要体现空间中的运动，但其主要体现从运动到时间

---

① Sun & Wang(2014)指出，空间和社会能力的共同根源存在于时空联系层面。Walker & Cooperrider(2016)则进一步发现空间的时间和社会隐喻的连续性激活具有心理现实性。翟冬雪等(2016)等发现“道德是上；不道德是下”的空间隐喻在儿童早期就已经开始发展。

的连续性，并且其结构整体意义主要体现为持续，故此将其视为时间性的复现结构。这四类不同的时间性内容分别以不同的方式体现在“CACB”和“ACBC”上，在此，“上-下”“前-后”“左-右”空间对表现出不同的倾向性，进而影响时间与空间的互动，示例如表4.4：

表4.4 **时间域“C前/上/左-C后/下/右”复现结构举例**

C-C	C前C后	前C后C	C上C下	上C下C	C左C右	左C右C
运动	跑前跑后	前转后转	奔上奔下	/	爬左爬右	左摆右摆
对象	问前问后	前看后看	媚上媚下	上看下看	看左看右	左扣右扣
虚拟	向前向后	/	向上向下	/	向左向右	/
抽象	时前时后	前期后期	忽上忽下	上午下午	忽左忽右	/

具体来看，当“C-C”表达运动过程时可前置也可后置，例如：

(13) a. 看羊狗跑前跑后，一只惊飞的山雀，惹得它汪汪汪咬几声。

b. 女士们在楼梯上跑上跑下，按铃使唤仆人。

c. 他们上上下下，跑左跑右，忙得不亦乐乎。

(14) a. 亚平在丽鹃的指挥下套上休闲装前转后转。

b. 只见他左转右转，越走越远，深入谷后。

c. 我们要在医疗中建立起病人“上转下转”均通畅的制度。(自造句)

在(13)中“跑-跑”均前置于空间对，整体结构均表达持续之义；在(14)中“转-转”均后置于空间对，并且从语感上均可接受。这显示，运动过程与空间对在语序上存在一定的灵活性。然而，如果从CCL语料上看“上转下转”之类的表达在语料中实际上并不存在，但在语感上依然可接受，如(14c)所示。

这种灵活性虽然具有构式性的倾向，然而却与具体的运动过程结合在一起。如果将“跑-跑”后置，整个复现结构则难以接受，例如：

(15) a. ？前跑后跑　　b. ？上跑下跑　　c. ？左跑右跑

“跑-跑”的后置限制与时空对单独使用的倾向有关。比如说，“＊他前跑一看”不可接受，而“他跑前一看”则可接受。另外一个例子是，我们可说“左走”或“右走”，但不能说“＊走左”或“＊走右”。这种倾向体现在复现结构上就是，我们可说“左走右走”，但不能说“＊走左走右”。

这种时空依存对的差别使用倾向的原因之一是三种时空对差别化的规约倾向，例如：

(16) a. 小玉母亲被小玉摇得左晃右晃/＊晃左晃右，几乎搂不住了。

b. 葡萄棚下的梯子上不断地有孩子们爬上爬下/？上爬下爬。

c. 在他手术的几天里，有一位素不相识的人一直在跑前跑后/？前跑后跑。

(16)显示，在表达持续上“左-右”前置具有优势，而“前-后”“上-下”后置具有优势。

进一步考察发现，运动过程“C-C”复现结构的灵活性与对象过程“C-C”形成对比。对象过程“C-C”与空间对所组配成的复现结构具有构式化倾向。前置对象过程“C-C”的复现结构中，空间对表达行为的对象，而后置对象过程“C-C”的复现结构中，空间对表达行为的空间方位。请考虑下例：

(17) 我们习惯在活页纸的两侧打上二十六个孔，因为想同时对照两种资料时，可随意夹左夹右/？左夹右夹。

(18) 一个苦力泡了一壶茶，让前让后/？前让后让，笑眯眯的，最后才端起杯子来自己喝一口。

在(17)中“夹-夹”的作用对象是“资料”，“左-右”分别为资料的不同部分，更倾向于前置；在(18)中“让-让”作用的对象是处于“前-后”方位的人，而非“苦力”自己方位的变动，也倾向于后置。

这种不同的规约受语境预设的影响，例如：

(19) a. 许三多惊讶地看左看右/？左看右看，除了几只惊飞的蚂蚱并没别的。

b. 梁必达盯着儿子左看右看/＊看左看右……

c. 王书记正围着一棵树左看右看/? 看左看右，上看下看/? 看上看下呢。

d. 希又说，生物楼和化学楼一样，最讨厌的是那股气味。看上看下/? 上看下看，还是觉文科的学者才是好家伙。

在(19a)中“看左看右”和“左看右看”难以互相替代；在(19b-c)中“左看右看”与“上看下看”也不容易调整为“看左看右”。二者的差别在于：“看左看右”预设未知的实体，用后置空间对强调动作指向对象，还预设“看”的动作并不伴随明显的身体空间位移；“左看右看”预设已知的实体，用前置空间对强调动作的方向，也预设“看”的动作过程伴随着身体空间的位移。以此为基础来比较(19c-d)时则发现，“左-右”“上-下”受对象实体的单复数影响。在(19c)中前置“看-看”的对象为单数的“一棵树”，这样，“上-下”前置强调详细核查，而在(19d)中“看-看”的对象为涉及多个实体，如“文科”“理工”等，这样，“上-下”后置强调对象选择。

综合来看，运动过程与对象过程在与空间对进行组配形成复现结构时表现出不同的使用倾向，前者具有自由的语序，而后者则语序较为受限。尽管这样的不同，此两类复现结构均表达过程持续。

这种持续的特征也体现在“C-C”为虚拟指向的复现结构中，例如：

(20) a_1. 向前向后

a_2. *前向后向

a_3. 时而向前时而向后

b_1. 向左向右

b_2. *左向右向

b_3. 时而向左时而向右

c_1. 向上向下

c_2. *上向下向

c_3. 时而向上时而向下

如(20)所示，虚拟类复现结构一方面保留方位的后置特征，另一方面也未失去表达反复持续的能力。这适用于各种虚拟类复现结构，例如：

(21)强壮多力的苗人手扶着墙上横木，偏左偏右/时而偏左时而偏右的摇荡。

(22)她自己双手反绑也指挥不了他们，只好使劲甩头，叫他们往左往右/一会往左一会往右。

(23)我用长沙话说，“主席，你还要学会转圈子，朝左朝右/一会朝左一会朝右”。

从(21)到(23)“偏左偏右”“往左往右”“朝左朝右”中均可插入表达反复持续的抽象时间复现对，这表明此类结构仍然保有反复持续语义。

这种反复性持续的语义实际上也可通过抽象时间“C-C”得以表达，例如：

(24)a. 无奈，两位老人只好互相时前时后地一道往前走。

b. 蜿蜒崎岖时上时下的山路上，一辆辆赛车飞驰而过。

c. 随着倾斜度的变化，莫扎特的头像会时左时右偏斜。

在这些表达中“前-后”“上-下”“左-右”用作表达过程，并交替进行。这提示，抽象时间的明示有助于过程的交替持续过程的表达。

综合来看，时间性“C-C”与“前/上/左-后/下/右”空间对组配的复现结构中具有较为一致的反复持续之义，其中运动过程“C-C”较对象和虚拟过程“C-C”在语序上表现得更为灵活。从移动过程到行为过程到虚拟过程再到抽象时间的“C-C”展现了抽象时间在复现结构使用中的整合性浮现路径。

在上述这些表达中时间与空间也表现出经验性或常规性的依存，在此依存基础上，时间与空间也存在隐喻性互动，即“时间持续是空间范围”，这主要体现在时间性的“左C右C”复现结构上，例如：

(25)a. 河南妈左拦右拦/*拦左拦右没拦住，只好干生气。

b. 小黄米跪着叠被子，左叠右叠/*叠左叠右叠不整齐。

c. 用笔时，左写右写/*写左写右，它就是不出油。

d. 左修右修/*修左修右，修不出名堂来。

在(25)中所有复现结构均表达行为的反复，并且持续一段时间，而“左-右”指以复现结构行为人为中心参照点的方位，提示行为人在执行反复持续行为时存在着空间位移，且空间对均具有前置优势。

在这种时间与空间经验性相关的表达中，随着过程的变化，“左-右”表达的物理空间位移会逐渐弱化，例如：

(26)a. 我们左等右等/ * 等左等右没有车，只好叫了辆出租。

b. 旬亲王左盼右盼，好容易才盼得此次机会。

c. 梁增基左想右想，拒签了这份合同。

“等-等”“盼-盼”“想-想”等持续过程中位移也可不出现。一个人可以将身体置于一个地方不发生明显位移，依然可以等待、思考、盼望。也就是说，位移并非必然与过程相关。

进一步的考察发现，即使有些行为根本无须发生物理空间位移，依然可用“左-右”加以修饰，例如：

(27)a. 又不是戏迷，左哼右哼哼什么的。

b. 罗潜便赶紧追上她，左劝右劝她不理。

c. 晓菲在电话里左说右说，吵得千姿脑袋发胀。

在“哼-哼”“劝-劝”“说-说”的持续过程中，位移是没有必要的内容。尽管如此，仍然用“左-右”修饰这些过程。在这个修饰中“左-右”已经不可能再标记物理位移，而是表达“方位是过程”的投射，其推理是：多个方位是多个过程，空间范围是持续过程。当然，这种方位也可投射到其他抽象概念中，例如：

(28)到发工资那天，财务室左扣右扣，李灯光签了工资表后，只剩几块钱了。

(29)马丽琳想起当舞女积蓄的一些钱都叫朱延年左骗右骗花光了，有点心酸。

在(28)中扣钱的过程涉及工资收入各个项目的累积，是一个抽象的概念，在此，“左-右”可指向这个抽象概念空间；在(29)中“左-右”可指向用钱的事宜，是面向社会活动。

“左-右”的这种物理空间范围还会投射到抽象时间上，例如：

(30)这孩子是只可以养着玩儿的，他左挨右挨，去年春天，到底没有挨过去。

在(30)中"挨-挨"过程存在一个时间段，而后文的"到底"又提示此过程的时间段被描述成一个空间范围，这样，"左-右"可被视为主体在运动过程中的临时性反复的空间位移。也就是，"过程持续是空间位移"或"过程是运动"。

当我们将过程视为运动时，运动复现结构中空间对的灵活性自然也可能体现在过程表达上，例如：

(31)a. 我心里存不住事，放点事就瞎翻腾，前想后想，思绪连成一大块。

b. 母亲想前想后，心里有些明白，可又有些糊涂。

在(31)中"想前想后"与"前想后想"在结构义上没有实质差别，均表达思考过程的持续。差别在于，在(31a)中"前-后"指向"想-想"，体现"过程是运动"的隐喻，而在(32b)中"前-后"指向思考的内容，体现"内容是方位"的隐喻。

这种过程的前置与后置切换不同于抽象时间的前置与后置切换，例如：

(32)a. 她上午下午都来过电话。

b. 午前午后，他在市上和寺观到处闲逛。

(33)a. 不论前期后期，古元的行与言都是从他对美术事业的坚定性出发的。

b. 记忆中猪肉酸菜炖粉条的馨香，大多是萦绕在年前年后那些日子的。

在(32)和(33)中所有抽象时间均被表达为实体，也就是存在"抽象时间是空间实体"的隐喻，这样的结构遵从前置和后置实体的构式倾向，即前置抽象时间提示同一时间点，后置抽象时间提示不同时间点或段。在此空间到时间的静态投射中，"前-后""上-下"优先于"左-右"，例如"＊左期右期""＊年左年右""＊左午右午"均不可接受。

总之，在时间性"C-C"与"C 前/上/左-C 后/下/右"组配的复现结构中存在运动、对象、虚拟和抽象等时间性表达。在这些表达中，运动、对象和虚拟复现结构均能表达反复性持续，并且存在着以时间持续与空间范围相关为基础演变出的“时间持续是空间范围”的隐喻。而当“C-C”体现为抽象时间时，此复现结构则与空间性复现结构类比，表现出前置和后置的构式化倾向。这说明，时空互动在复现结构中既存在连续性也存在分离性。

4.1.3 时空性“C-C”与时空互动：人物、事件、表达、国家

从语义内容上看，预设空间与时间相关的表达包括人物、事件、表达、国家，等等。人，一方面具有身体作为物理实体，另外一方面具有生命历程；事件一方面具有过程性内容，另外一方面被视为实体；言语一方面表现为线性声音，而另外一方面则表现为空间书面，还具有更为抽象的语义内容；而体现社会关系的国家则一方面具有空间疆域，另外一方面则具有时间维度上的政权更迭或存亡。

这些表达在复现结构中均被描述成实体，为此体现实体类“C-C”前置与后置所表现出的实体-方位语义切换，如表4.5所示：

表4.5　**时空性“C前/上/左-C后/下/右”复现结构举例**

C-C	C前C后	前C后C	C上C下	上C下C	C左C右	左C右C
人物	人前人后	前辈后辈	谁上谁下	上人下人	/	/
社会	法前法后	前赵后赵	/	/	/	左派右派
事件	婚前婚后	前生后生	课上课下	上课下课	/	/
表达	书前书后	前缀后缀	/	上文下文	/	/

可以看出，在CCL语料中“前-后”在与时空性表达搭配组成复现结构上存在优势，而“左-右”则存在劣势。这种倾向性与“左-右”所表达的持续性空间隐喻具有相互印证性。

另外一个重要特征是，在“C-C”与“A-B”语序置换所体现的实体-方位之间的切换则难以体现在此类复现结构上，例如：

(34) a_1. 前辈后辈　　a_2. ＊辈前辈后

　　b_1. 上人下人　　b_2. ＊人上人下

c_1. 前缀后缀　　　c_2. ？缀前缀后

d_1. ？派左派右　　d_2. 左派右派

这些不可接受的复现结构本身在语料中也不存在。既然在此类复现结构中"C-C"均表达时空性内容，这种语序的规约化受限于多种认知域的纠缠。

下面具体从使用中分析此类复现结构所涉及的复杂认知域，请考虑下例：

(35) a. 尽管长姜文好几岁，人前人后他都以"姜老师"相称。

b. 咱们已成一家人，再这样前辈后辈的，岂不生分？

在(35a)中"人前人后"表达交流过程中所提及的人是否在场，"人前"为处于某种人际交流环境中，"人后"为免除某种交流环境。在此，"人-人"指称一个类，充当中心参照点。只是，"前-后"原本为人际关系发生的不同空间位置，而在此则提示不同社会关系的切换。在"前辈后辈"中，如(35b)所示，"辈-辈"指不同的人，表达不同人的时间历程关系，体现"年龄的大小是空间方位"的时空隐喻关系，"前辈为年长者；后辈为年轻者"。这样，"人前人后"与"前辈后辈"的对比虽然也能体现实体-方位的切换，但前者涉及凸显社会关系的切换，而后者涉及凸显时间关系的切换。

另外，前置"C-C"与后置"C-C"的规约对立并不体现在"上-下"和"左-右"上，例如：

(36) 处里谁上谁下，是明摆着的。

(37) 吕芳契的个性最靠得住，十年前后，一个态度，待上人下人，一个姿势。

(38) 藤井认为是盲诗人对一切看不惯的都批评，惹得左派右派都恼火。

在(36)中"上-下"表达社会关系变化的两个相反过程；在(37)中"上-下"提示两种不同等级的社会关系；在(38)中"左-右"表达两种不同的社会关系群体。尽管存在使用上的差异，但均涉及用空间方位理解社会关系的隐喻。

这种社会关系变化的时间节点也可用"前-后"来表达，例如：

(39) 欧盟东扩和机构改革孰前孰后问题上，施罗德也悄悄在改变科尔的立场。

在(39)中社会关系的调整存在时间上的先后，这种相继关系用“前-后”提示。也就是说，在这些认知域复杂交错的表达中，“前-后”倾向于时空隐喻；“上-下”兼有社会和时间的空间隐喻；“左-右”更倾向于社会的静态空间隐喻。这种不同倾向的进一步证据是“前-后”“上-下”“左-右”在复现结构中相互不可替代，例如：

(40)自西晋建兴四年长安陷落，在前赵后赵/*左赵右赵/*上赵下赵强敌肆扰的严酷环境下以绝大毅力坚持了60年之久。

(41)古代官员需要每天上朝下朝/*前朝后朝/*左朝右朝。(自造句)

(42)不论左派右派/*前派后派/*上派下派，谁人品好，有人情味儿，我就跟他交友，跟他喝酒。

在(40)中“前赵后赵”表达的是两个国家在时间维度上的差别，不能用“上-下”“左-右”来组构；在(41)中“上朝下朝”表达方位改变伴随人际关系的改变，不能用“前-后”“左-右”组构；在(42)中“左派右派”表达静态人际关系格局，不能用“前-后”“上-下”组构。

这种使用倾向也体现在“C-C”为事件的复现结构中，例如：

(43)会上会下/?会前会后/*会左会右，大家谈思路、作打算，各抒己见。

(44)山里买不到肉，他们上顿下顿/?前顿后顿/?左顿右顿是野菜豆腐。

在(43)中“会-会”充当参照时间点，不能后置“前-后”或“左-右”，而在(44)中“顿-顿”表达两个不同的时间段，不能前置“前-后”“上-下”。在此，存在一个时空隐喻：“事件是空间方位上的实体”。这种扩展明显体现实体复现结构中实体-方位的构式切换。

这种实体-方位的切换也存在于“C-C”为语言表达的复现结构中，例如：

(45) a_1. 句前句后	a_2. 前句后句
b_1. ?句左句右	b_2. ?左句右句
c_1. *句上句下	c_2. 上句下句

如(45)所示，在指称书面表达时，可自由地使用“前-后”，但不能自由地使用“上-下”和“左-右”。

这种“左-右”对表达的限制与汉语书写方式相违背。在书写上，中国存在古代和现代两种书写方式，如例(46)所示。在(46a)中文字以整体从右到左的方式排列。我们可说“徒余光阴依旧流”的右句为“故人已乘仙鹤去”，而左句

(46) a.

白	仙	徒	故
云	鹤	余	人
千	一	光	已
载	去	阴	乘
空	不	依	仙
悠	复	旧	鹤
悠	返	流	去

b. 故人已乘仙鹤去

徒余光阴依旧流

仙鹤一去不复返

白云千载空悠悠

则为“仙鹤一去不复还”；在(46b)中则以从上到下的方式排列。这样，仅从书写经验上，我们完全可指称“故人已乘仙鹤去”下句为“徒余光阴依旧流”，或“徒余光阴依旧流”的上句为“故人已乘仙鹤去”。但显然，这种表达只是考虑书写上的空间相对方位，而没有考虑到语言本身的呈现具有时间线性。这种时间线性决定，在理解整首诗时必须是依据唯一的时间顺序，而不能改变这种顺序。一旦改变，除非经过精心设计的表达，否则不能理解。例如，将“仙鹤一去不复返，白云千载空悠悠”读成“ * 悠悠空载千云白，返复不去一鹤仙”则完全不能表意。这样，当使用“前-后”或“上-下”来指称语言表达时，仍然以“时间关系是空间关系”隐喻为基本推理框架。这种框架完全忽略书写中只存在左右与上下而不存在前后的空间格局。

在语言表达的复现结构中，更多体现这种时间互动倾向的例子如下：

(47) a_1. 文前文后　　a_2. 前文后文

b_1. ？文左文右　　b_2. ？左文右文

c_1. ？文上文下　　c_2. 上文下文

(48) a_1. 书前书后　　a_2. ＊前书后书

b_1. ＊书左书右　　b_2. ＊左书右书

c_1. ？书上书下　　c_2. ？上书下书

(49) a_1. *册前册后　　a_2. *前册后册

b_1. 上册下册　　b_2. *册上册下

c_1. *左册右册　　c_2. *册左册右

(50) a_1. ？缀前缀后　　a_2. 前缀后缀

b_1. *上缀下缀　　b_2. *缀上缀下

c_1. *左缀右缀　　c_2. *缀左缀右

从(47)到(50)表明“前-后”和“上-下”均可组构时间关系，而“左-右”则不可。不过，“左-右”在表达过程持续上具有优势，例如：

(51) a. 做手术时，小田左一句右一句地叮嘱医生应该如何如何。

b. 母亲东一句西一句零散地把事情讲给小菲听。

之所以存在这种对比，原因之一在于，“前-后”或“上-下”作为语言共现对倾向于预设运动所提示的时间上的非对称性，而“左-右”则倾向于提示空间上的对称。

“前-后”对时间的组构优势甚至表现出更为复杂的隐喻关系，例如：

(52) 无可否认，无论生前生后，李小龙在世界上的影响都是巨大的。

(53) a. 钗头凤拆，镜里鸾孤，谁画小奁眉妩？曾说前生后生，梵呗清禅，只依挥尘。

b. 前半生，不完美主义；后半生，不遗憾。　　BAIDU

在(52)中“生-生”表达某人的生命时段，其如果充当中心参照点则逻辑上不通。生命如果视为实体，根据隐喻投射，其前面或前部是非出生或生命的前段，而其后面或后部则是生命消失的时间段。其逻辑只是说话人站在死亡的时间点上描述生命，以此，处于观察者前面的为生命存续阶段，而位于观察者后面的为生命消失阶段。这种死亡参照点适用于“前生后生”，如(53a)所示。不过这种参照点不适用于(53b)，在此，参照点为某人生命的中间时点。

概而言之，在“C-C”为时空性表达时，“前-后”“上-下”“左-

右”表现出不同的时间组构倾向，但依然承继实体-方位在空间性“C-C”前置或后置中所形成的构式规约，依然体现“时刻是实体”的空间隐喻。这种将时空内容描述为空间实体的实例一方面说明空间的基本性，而另一方面也给理论上的统一描写造成了困难，难点在于：空间中还有空间。

4.1.4 类比 C-C 与时空互动：量级、否定

典型的时间或空间的经验性表达体现在 4.1.1 和 4.1.2 中，4.1.3 则主要涉及空间框架的进一步扩展。在这种扩展中虽然空间关系具有强大的组构能力，但是这并不意味着语言使用的扩展均是以空间关系为框架。实际上，时间关系也参与其中。这均提示空间本身具有多种角色：框架和内容。

空间的内容角色更为直接的体现是，框架由类比范畴充当的实例，例如：

表 4.6　**类比“C 前/上/左-C 后/下/右”复现结构举例**

C-C	C 前 C 后	前 C 后 C	C 上 C 下	上 C 下 C	C 左 C 右	左 C 右 C
量级	一前一后	/	一上一下	/	一左一右	/
选择	或前或后	/	或上或下	/	或左或右	/
存在	有前有后	/	有上有下	/	有左有右	/
否定	不前不后	/	不上不下	/	不左不右	/

如(4.6)表所示，类比框架“C-C”在复现结构中均前置于空间对。重要的是，在实际使用中，这些框架表现出时间性或空间性的歧义，例如：

(54) a. 座舱底下一前一后安装了两只小轮子

b. 两句话两个人戏了，一前一后，差几分钟到，表不一样就对了。

(55) a. 那东西是两个大铁箱子，一上一下，中间用钢架支撑。

b. 我站在原地，看见他的头颈缩在大衣领子里，人给车

子颠得一上一下。

(56) a. 两个男人一左一右站在我两旁。

b. 人潮不只是一左一右的动，还一高一低的起伏呢。

在(54)中“一前一后”的歧义是空间方位和时间方位；在(55)中“一上一下”的歧义是物理实体列举和过程系列；在(56)中“一左一右”的歧义是人的列举与过程系列。

时间性与空间性的歧义也体现在“或-或”中，例如：

(57) a_1. 这群人行列不整，或前或后，行得疏疏落落。

a_2. 江面上或上或下的游人们指点着、议论着美丽壮阔的背景。

a_3. 他们或左或右站在首领座骑的两旁。

b_1. 他老是抽着一根烟杆，在马队旁边，或前或后地行进着。

b_2. 这块板由很细的钢丝吊住，可牵引着女演员或上或下浮动。

b_3. 平衡杆在他手中或左或右、或高或低地移动。

在(57a)中“或-或”分别表达“有时-有时”，而在(57b)中则表达“有的-有的”。这种对比同样也体现在“有-有”上，例如：

(58) a. 大臣们，有左有右，分成两组站在皇帝两侧。(自造句)

b. 老舍先生曾讲过，生活是种律动，须有光有影，有左有右，有晴有雨。

在(58a)中“有-有”表达“有的-有的”；在(58b)中“有-有”表达“有时-有时”。

简言之，“一-一”“或-或”“有-有”本身具有跨域一般性，但在使用中存在时间取向和空间取向的歧义解读。当其解读为空间时，“C前/上/左-C后/下/右”体现实体-方位的依存关系，而当其解读为时间时，“C前/上/左-C后/下/右”则体现抽象时间-运动过程的依存关系。这样，在一般性范畴组构下，时间和空间实际上以分离的方式处于并行状态。

相对应地，“不-不”框架在使用中则并不表现出歧义，例如：

(59) a_1. 我们就这样前行了一段距离，不远不近，不前不后，没有交谈。

a_2. 她处在不上不下的位置上。她往上看，看到大虎一脸莫名其妙的表情。

a_3. 蹭的一声木塞窜起，不左不右，正落在大冰盘里。

b_1. 老太太为什么会在这么一个不前不后的时间从大堤上摔下来呢?

b_2. 20 年人生职业生涯，感觉忙忙碌碌，只到了个不上不下的副处级。

b_3. 他们原来以为："过去能够'不左不右、保守中立'，思想上很清高"。

在($59a_{1\text{-}3}$)中"不前不后""不上不下""不左不右"均表达空间方位，结构义均指向中心点。如($59b_{1\text{-}3}$)所示，这种中心点之义也分别体现在非空间的认知域上。在($59b_1$)中"不前不后"指向某两个时刻的中间时刻；在($59b_2$)中"不上不下"指向行政等级的某个中间等级；在($59b_3$)中"不左不右"指向思想态度的中立状态。以此，空间关系与各种抽象概念在"不-不"框架下并置。

既然我们将"不-不"视为一个表达整体，这种并置还提示，空间隐喻在"不-不"的语义扩展中发挥作用。在这种隐喻扩展中，"前-后"倾向于表达时间，"上-下"倾向于表达社会关系，而"左-右"则倾向于表达思想态度，例如：

(60) 不前不后/? 不上不下/ * 不左不右的时间

(61) 不上不下/ * 不前不后/ * 不左不右的官职

(62) 不左不右/ * 不上不下/ * 不前不后的政治立场

这些实例表明"前-后""上-下""左-右"在隐喻扩展中不能相互替代。

简言之，"C 前/上/左-C 后/下/右"体现时间与空间的并置，在其隐喻扩展中表现出不同的规约倾向。

4.1.5 "C 前/上/左-C 后/下/右"中时间与空间的频率互动

"C 前 C 后""C 上 C 下""C 左 C 右"典型地体现为四字格，这种典型性体现在空间对短间距频率的优势上。然而，此三类复现结构除了体现为四字格外，还具有更多的实例体现，这些实例超出四字格的间距+1，而分布在从间距+1到间距+7上。当然，也可能分布在更长的间距上。本研究只统计到间距+7为止。

在此，对“C前/上/左-C后/下/右”的统计标准是，除须符合“CACB”的一般标准外，还须符合“C-C”在形式上相同。另外，既然“CA”与“CB”为一个依存体，那么就存在二者之间在语义上的衔接，能表达二者语义衔接的词或短语则依然视为“CACB”的范围，例如“上午和下午”中“和”起到衔接作用，则视为“CACB”的实例。在这些统计中，均不区分“CACB”与“ACBC”。原因是，当复现结构体现为更多字数时，往往已经不能区分这种顺序，例如：

(63)其内容包括双方的婚前财产和婚后财产的归属、管理、使用。

在(63)中“C-C”体现为“婚-财产-婚-财产”，这样就无法判断此例属于前置还是后置。为此，我们从频率上作总和统计，而不区分前置与后置。

这样，在CCL语料中三类复现结构在间距维度上的体现如下：

图4.1、图4.2和图4.3显示，三类复现结构在时间、空间、时空和类比的表达上基本呈现出类似的趋势，即短间距的优势效应。然而，这并不意味着短间距的使用能涵盖所有长间距的使用。而恰恰相反，长间距的使用可能消解短间距上的一些限制，例如：

(64) a. *上向下向

b. 具体操作路线上的差异研究有“上向”和“下向”之分。上向的研究是从事实到理论，下向的研究是从理论到事实。

(65) a. *上跑下跑

b. 为了某种事务，没有不“跑”的人。这“跑”，无非有两种：“上跑”和“下跑”。

(66) a. ？前跑后跑

b. 他向前跑后又向后跑。

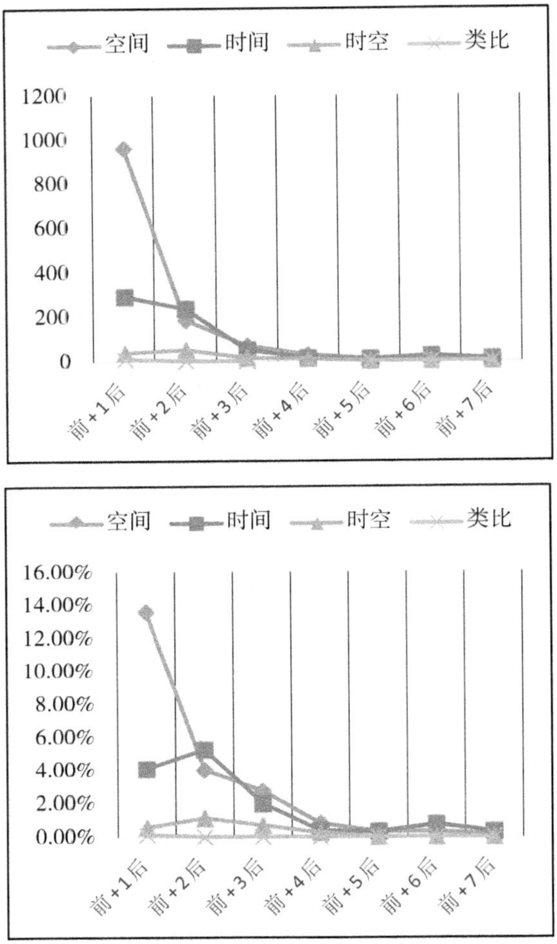

图 4.1 “C 前 C 后”实例的频率与比率在间距上的分布

(67) a. ＊左来右来

b. 他找哥哥要求调到熊岳镇公安分局工作。<u>左一次来，右一次来</u>，找哥哥不行，就找嫂子，董建国夫妇就是不答应。

在(64a)、(65a)、(66a)、(67a)中间距+1 的表达难以接受，在语料中也未出现，但在(64b)、(65b)、(66b)、(667b)中大于

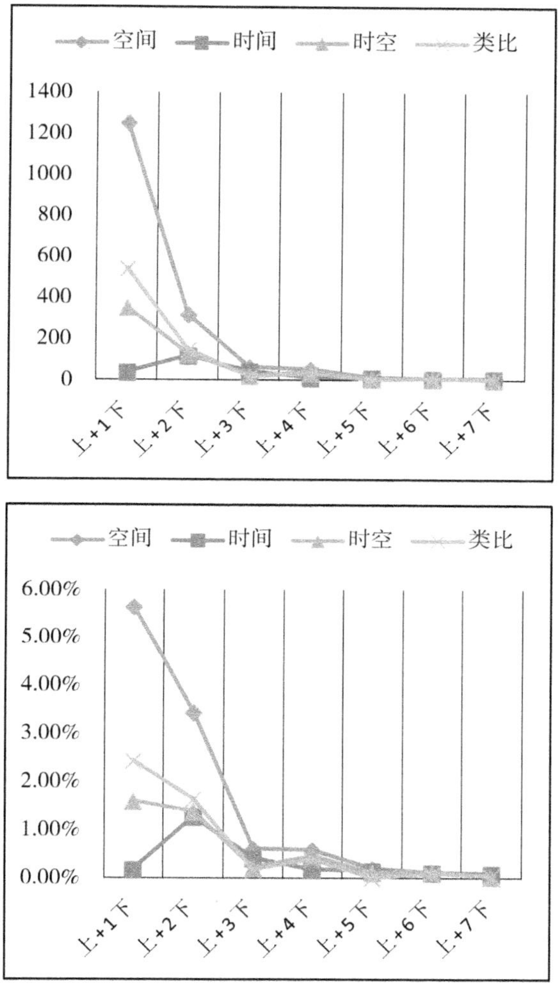

图4.2 “C上C下”实例的频率与比率在间距上的分布

间距+1的实例中却存在相应的表达。这表明，短间距效应带来结构义的单一化或构式化，从而降低其容纳更多语义的灵活度。

就时空互动而言，频率对比显示，在“C前C后”“C上C下”“C左C右”中，空间经验表达占据优势，其向时间域的扩展存在一定限制，其中，“前-后”“上-下”“左-右”等空间对呈现框架化倾

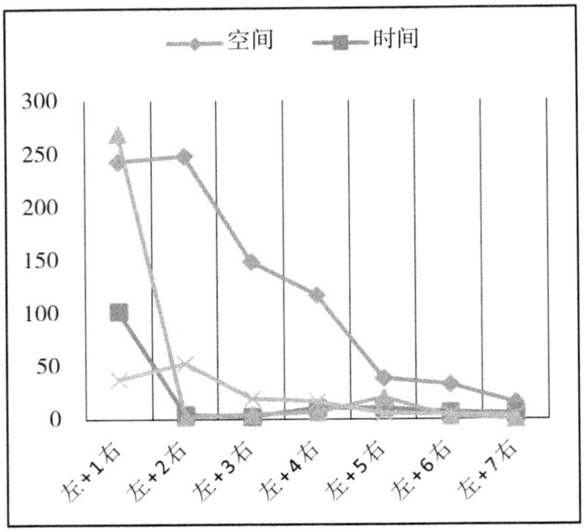

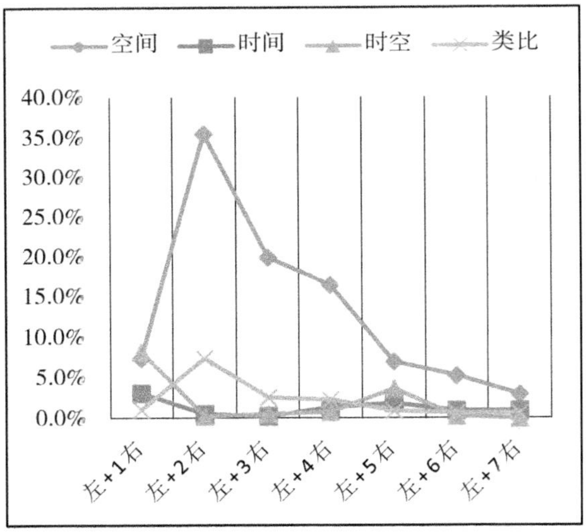

图 4.3 “C 左 C 右”实例的频率与比率在间距上的分布

向。这提示，在“C 前/上/左-C 后/下/右”复现结构中空间概念结构在表达上具有基础地位。

4.2 “C来C去”与时空互动

在语料中只存在“C来C去”，而不存在“＊来C去C”，自然也不存在构式性语序切换。另外，在概念结构上，不同于“上-下”“前-后”“左-右”可表达静态空间范围或实体，“来-去”本身表达以自我为参照中心的动态过程。存在两种“来-去”：运动和框架，其无论作为运动还是框架均提示反复持续。

4.2.1 运动“来-去”与时空互动

在“C来C去”中，当“来-去”表达运动时，可通过类比、相关和隐喻进行扩展，其表达运动经验的语义扩展与“C-C”的属性有关。当“C-C”为实物时，“C来C去”表达经验性的空间运动，例如：

(68)沙滩让海里来去的人落脚。因而潮来潮去，你终是无法摆脱沙滩。

(69)风来风去、潮起潮落，是一种常见的现象。

(70)叶子，兀自高高地站在枝头，看雁来雁去，云卷云舒。

从(68)到(70)，“C-C”分别体现为“潮-潮”“风-风”“雁-雁”，整个复现结构均描述物理实体反复持续的规律性位移运动，其中心参照点为缺省的观察者自我。这种描述也适用于人，例如：

(71)过道上，房间内，人来人去，热闹非凡。

(72)客人自来自去，男人花心，没什么谁抢谁的呀。

在(71)中“人来人去”描述复数实体在执行反复持续的位移运动；在(72)中“自来自去”描述单数实体会规律性地反复发生。这些描述的共同特征是实体发生物理意义上的空间位移。

对有的实体而言，当由“来-去”描述时，则难以确认真实的位移，这时则发生以相关和类比为基础的语义扩展：

(73)本来可以交给市场机制运作的事情，仍然保留在政府部门进行审批，文来文去，层层圈阅，效率极低。

(74)看到有人眼来眼去，他还生气。

文件如果是纸质材料的，则文件的传递体现实体位移，而如果是电子文件，则实际上并未发生位移，只是信息的拷贝，但仍然可以描述为物理材料文件的位移，如(73)所示。这是用运动理解信息传递。在此，“来-去”虽然并不表达实体的物理位移，但表达信息的指向，为此发生了“来-去”与“传递”之间的类比。另外，在(74)中，“眼来眼去”则并未发生眼睛的位移，而只是表情的互动。之所以有此描述是因为在经验上“眼”与表情存在着经验上的相关。在这种情况下，“来-去”表达虚拟的位移和抽象的指向。

通过虚拟，“来-去”以隐喻的方式扩展至对时间的描述上[①]，例如：

(75)实际，迎送了三十几次的春来春去的人，对于花事早已看得厌倦。

(76)春天、夏天和秋天来过又去了。

在(75)和(76)中“春”作为一个时间性的季节变化，本身并不具有运动的特点，但在“春来春去”和“来过又去了”中被描述成一个运动的实体，也就是体现“季节变化是实体运动”的隐喻。

这种变化过程可由特定的短语来明示，例如：

(77)这孩子忽来忽去，走远了，她的声音也消失了。

(78)打仗也是一种经济行为。平时更是山上山下经济命脉相连，有来有去，只是不必都经过市场交易。

在(77)和(78)中，“忽-忽”或“有-有”组构“来-去”表达位移反复地发生在两个不同的时间段内。

鉴于抽象时间在“来-去”中既可被视为运动体，也可被视为框架结构，这就给其歧义表达带来可能，例如：

(79)在一个村里，花子同老起就短不了见面，久来久去，两人心里都有了意思。

在(79)中“来-去”的运动体可能是“久-久”，也可能是“花子-老起”。

① 在英语中“come”和“go”也能表达时间变化，例如，“The two countries came to blows”“The country went to war”(Radden 1996: 433-439)。

这种抽象的修饰位置也容纳量级或空间，例如：

(80)我把他背过河来，事成之后，我再把他背过河去，这一来一去，倘衣服上有一个水滴，撕下我一块人皮来给他赔偿。

(81)去年夏天毕业了，小伙子满想找一个专业对口的岗位，可按毕业生哪来哪去的分配原则，于是似乎别无选择地回到生产一线去。

(82)小胡同赶猪——直来直去，想怎么样就怎么样。

在(80)中“一-一”提示过程的次数，在(81)中“哪-哪”提示方位，在(82)中“直-直”提示运动空间线路。在此，“直-直”已经涉及“表达的方式是空间的线路”的隐喻。

概而言之，当“来-去”表达运动时，“C来C去”不仅表达现实性反复持续的空间位移，还能通过类比、相关和隐喻进行扩展。

4.2.2 面向“来-去”与时空互动

不同于“来-去”的运动使用，面向“来-去”不再直接指向运动方式，而是指向运动的位移或面向。在这种情况下，“C来C去”经历一个从具体到框架的图式化，最明显的特点是“C来C去”所表达的位移从现实变为虚拟。

当“C-C”为过程时，“来-去”依然可表达现实位移，例如：

(83)a. 影子晃来晃去。

b. 火光晃来晃去。

c. 他在我眼前晃来晃去。

在(83)中“晃来晃去”表达“影子”“火光”“他”以自我为中心参照点在持续反复地发生位移变化，“晃-晃”表达这种位移变化存在着不确定性。这些位移，从经验角度看，均为可知觉的、可观察的。这种可知觉的位移过程可用作描述看不见、摸不到的过程，例如：

(84)一个数字在他脑筋里晃来晃去，四十二亿五千四百二十二万。

在(84)中“晃来晃去”表达思维过程对特定内容的持续反复处

理，这种过程只能由大脑来意识，而不能由知觉过程直接观察。为此，此复现结构体现“意识是运动”的隐喻，即数字是运动体，头脑是运动场所，数字在思维中的处理被描述为数字在头脑中的位移。

这种“意识是运动”以经验相关为基础，请考虑下例：

(85)她穿着平跟鞋、白短袜，长发晃来晃去，我的心也随着晃来晃去。

在(85)中，“长发晃来晃去”是可观察到的现实运动，当一个人对此运动进行观察时，“心”所发生的变化与此现实运动存在同步相关，也就是现实运动直接影响到心理变化。这样，“心”的“晃来晃去”一部分是在描述自身的变化，而另外一部分则体现现实与心理的即时协同过程。

这两个认知域之间的协同也可是非即时的，例如：

(86)你也别蒙我了，你天天在电视的广告节目里晃来晃去。

电视中所播放的画面是现实情形的再现，这样，就“晃来晃去”的实质内容而言，在现实中和在电视节目中不会存在差别。二者的根本差别是画面情景发生场所是非即时的电视节目，而现实情景则发生在即时的现实中。

当然，即使是一个场景域，如果用语言来描写，也可能存在两种不同的联想，例如：

(87)他手里的电筒满屋子乱照，并在床下晃来晃去。

(87)意图表达手电筒的光在床底下“晃来晃去”，但是在语言中却可理解成“手电筒晃来晃去”。这其实是两种不同经验内容：光晃来晃去和手电筒本身晃来晃去。之所以能有这种歧义的原因就是手电筒和光在经验中存在运动同步的协同关系。

这种基于相关的虚拟描述也体现在知觉行为中，例如：

(88)a. 陌生的目光在她身上扫来扫去。

b. 那些人的眼睛在她身上扫来扫去。

c. 强烈的灯光像探照灯一样扫来扫去地找最佳位置。

在(88)中存在两个类比系列：眼睛→光→扫把；观察→移动→扫。“光移动”和“扫把扫动”均是经验中可观察到的，而“眼光”

则是观察不到的。“眼”在常规经验中也并不会发光。在“眼睛→光源”类比中，“光”用作填充眼睛与观察对象之间的区域，以此表明眼睛对观察对象具有指向性，甚至还可描述成力的作用。这种力的作用通过“扫来扫去”来描述，在这个描述中，眼睛对实体的观察就像扫把扫地一样存在位移范围的变化。于是，通过一个系列的类比，看不见、摸不到的观察过程变得更为具体和真实，只是，这是虚拟的真实。

之所以要虚拟，因为虚拟的真实更符合语言表达的常规，例如：

(89) a. 夏风站起来，说：“你们不撂，我撂去！”从白雪怀里夺孩子。夺过来夺过去，白雪没劲了，夏风把夺过来的孩子用小棉被包了。

b. 几年来这个镇子就是八路军和敌人夺过来夺过去。

在(89a)中“夺”的常规之义是“孩子”出现从“夏风”到“白雪”的反复持续位移。然而这种空间位移不会出现在(89b)中的“镇子”上，因为“镇子”在抢夺的经验常识中不会发生位移，发生位移的只能是争夺“镇子”的人。尽管如此，“镇子”仍然被描述成发生了位移，这可以解释为在语言描写中发生移动体和参照体之间的切换，即在(89b)中常规的位移参照体“镇子”被描述成移动体。这种切换后的位移用作描述在社会域中控制权的变化，即“镇子”控制权的变化是“镇子”空间位移的变化。

这种参照体与位移体之间的切换也出现在对时间的描述上，例如：

(90) 我们修法，往往今天推明天，推来推去，推到弥勒佛下生也不能成就。

(91) 我们可能时时要在各个年份间跳来跳去。

在(90)中“修法”被描述成在时间区域上发生位移，这体现“修法是移动体”的隐喻。这种描述是一个渐进过程，例如，在(91)中，“我们”被描述成在时间区域上的反复运动。而将“我们”替换成时间单位，时间则从参照区域切换为移动体，例如：

(92) 六年来，黄昏走来又走去。

在(92)中“黄昏”被描述成运动体。作为运动体的时间可像物体一样随意操控，例如：

(93) a. 时间换来换去。

b. 地点换来换去。

时间也可被视为消耗品，例如：

(94) 好多外出活动都谢绝了，因为跑来跑去，时间都跑没了。

在所有这些解读中，实体在运动中所承担的角色是关键，也就是“来-去”均指向实体的虚拟移动。

这种虚拟运动也会与主体指向的对象发生相关，例如：

(95) [他]遍翻新到的报刊目录，圈来圈去，手头的笔还是落在《读书》等几本“貌不惊人”的刊物上。

(96) 各个民族都来了，只有基诺族请来请去没人来。

在(95)中，“圈-圈”为一个“画圈”的过程，而“来-去”表达的不是“圈”在杂志上的移动，而是画圈的位移与圈数量的协同。在此，“来-去”还是用作描述现实的空间位移，然而在(96)中，由于“请”的人都没来，因此“来-去”的位移指的不是受邀请人发生了位移，而是邀约人在执行邀请动作中其注意指向邀请对象所处于的不同空间位置。

一旦“来-去”不再指称现实空间范围，则转而指向过程，例如：

(97) 他这个人呢学来学去最后变得非常有趣儿。

(98) 李医生用解毒，治来治去，痤疮没有好，而体质却变得一塌糊涂。

(99) 观众可不想花钱看别人爱来爱去海枯石烂的哦。

从(97)到(99)“学-学”“治-治”“爱-爱”均没有明确的运动体和运动范围，这样，“来-去”组构过程的持续性变化。以此论之则存在“过程变化是运动位移”的隐喻①。就是说，在此复现结构中“来-去”用作描述“学-学”“治-治”“爱-爱”等过程的变化，以此为基础，则存在“过程持续是空间范围”的隐喻。

---

① Lakoff (1993: 220) 指出存在“Changes are movements (into or out of bounded regions)”的隐喻。

“变化是运动”更多的是基于类比。行为或过程的变化与反复的运动存在着结构的类比，即均为“主体+过程”，并且二者存在时间持续的类比属性。当然，这种类比也不可避免地建立在经验相关的基础之上。从常识上看，当主体经历“学-学”“治-治”“爱-爱”等这些过程时，也必然同时伴随着驱动身体在空间上持续地进行位移运动。这就一定程度上支持 Grady(1997，1999)的论断：经验相关是隐喻动因。我们强调的则是相关和类比均有助于隐喻表达的形成。

当然，这种相关和类比也有助于运动基本经验的进一步扩展，例如：

(100)a. 那艘天天在头顶飘来飘去的飞艇呆立不动。

b. 屋里没有生火，一说话白白的哈气飘来飘去。

c. 马晓春在别的棋桌前飘来飘去。

在(100a)和(100b)中“飘-飘”表达脱离重力束缚的不规则运动；在(100c)中，既然“马晓春”作为现实中的人并不具备脱离地面重力的能力，那么“飘-飘”只是描述其动作轻松，而不能表达“马晓春”与地面的接触。这种扩展是基于两种运动的类比。以类比为基础，“飘-飘”可用作描述声音，例如：

(101)只有不多的几个人还在呜呜地响，那声音一段一段的，飘来飘去。

声音的传播空间并不受地面限制，因此，在(101)中凸显的内容是运动方式的不规则。另一个层面的问题是，声音的运动和身体的运动是通过不同知觉通道观察到的现象却被以相同的方式描述，这说明空间本身是一种类比抽象的结果。也就是说，空间是跨域一般性的范畴。在这种类比抽象中，如果“飘”本身源自于视觉观察，那么就存在“听觉是视觉”的投射。当然，这种跨通道的视觉听觉经验本身也存在相关的基础，例如在“黑点变得越来越大，轰鸣声也越来越大，飞船正在降落”中，声音和大小存在经验上的相关。

除基于经验相关获得扩展外，运动也能基于参与者的类比而获得扩展，例如：

(102) a. 小鸟在空中飞来飞去。

b. 飞机在空中飞来飞去。

c. 他因公务，需要经常乘飞机在空中飞来飞去。

d. 空中飞来飞去的电波充斥着流行歌曲的旋律。

从经验上看，能直接观察到的是“小鸟”的飞行，如(102a)所示，而在飞行表演时，如(102b)所示，飞机的飞行过程如果短时和短距则能直接观察到，而常规性的商务飞行，具体飞行的过程是观察不到的，故而“飞来飞去”则更多的是一种想象。对于普通人而言则完全不具备飞行的能力，其飞行的运动完全借助于设备。这样，(102c)中对“他”的描述则用动物的飞行过程来理解人在乘飞机时的运动过程。在(102d)中电波的飞行，更是超出一般的观察能力，需要凭借抽象的思维能力来把握。这样，就存在用具有自我飞行能力的动物理解其他实体的空间位移的情况。如此看来，在语言表达中，存在一个从具体到框架的渐变整合过程，为了能掌握这种看不见、摸不到的抽象过程，经验性的运动往往被用作理解此类抽象现象的框架，即“抽象过程是运动过程”。

在这种描述中，存在客观实体运动和身体运动相互描述的情况，即“实体运动是身体运动”，例如：

(103) 贝特丽丝你的一条舌头滚来滚去的，在说些什么呀？

(104) 有一女士在一家有名的眼镜店配镜后，所见物体都在眼前跳来跳去。

“滚-滚”原为水流翻动，在(103)中表达“舌头”的动作；“跳-跳”原为身体动作，在(104)中用作描述物体的幻象过程。这是基于类比进行描述。

总之，在“来-去”共现中框架与运动之间存在着连续性，其框架语义的获得伴随着运动方式的扩展或位移的扩展。在这种扩展中，相关、类比和隐喻相互交织。而“来-去”作为典型的框架表现是失去位移，主要是存在“行为是运动”和“意识是运动”两种，更多实例如表4.7和表4.8所示：

表 4.7 **“行为过程是运动”示例**

行为是运动	实　例
经历是运动	谁知道等来等去，杳无音讯。
动作是运动	平行的官则互相招待，吃来吃去，吃的都是百姓的税金。
选择是运动	总是在单一的行业中转来转去。
进行是运动	整日里会来会去，文来文往；第二差，许多职能部门。
变化是运动	在我们看来，那种变来变去的人是缺乏“气节”的。
观察是运动	我看来看去，在我眼中的中国文学，只是可怜的……
处理是运动	县、区一直到省里都找过了，批来批去一直未得到解决，
礼让是运动	让来让去你还没完没了。

表 4.8 **“意识过程是运动”示例**

意识是运动	实　例
注意是运动	他在这一群女子中看来看去，猜不透谁是陈沅。
语言是运动	我终于发现说来说去都是一个意思。
分析是运动	他们想来想去想到改革，决定实行股份合作制。
理解是运动	只有孙舞阳的话在他满脑袋里滚来滚去。
想象是运动	就在无水之地，过来过去，寻求安歇之处，却寻不着。
情感是运动	观众可不想花钱看别人爱来爱去海枯石烂的哦。
思考是运动	思来思去，就是不知该与人家怎么个谈法。

从最一般意义上看，“来-去”的使用是通过“过程是运动”的隐喻进行扩展，而此隐喻是基于类比和相关。

4.2.3 “来-去”共现中时间与空间的频率互动

“来-去”作为共现对在 CCL 语料中实际上大量存在。本研究主要关注“C 来 C 去”的实例。对此类实例的统计严格按照“C-C”在形式上相同，而衔接成分不计入“C-C”中的标准。结果发现，“来-去”的运动使用及其扩展使用在 CCL 语料中均表现出间距效应，如

图 4.4 所示：

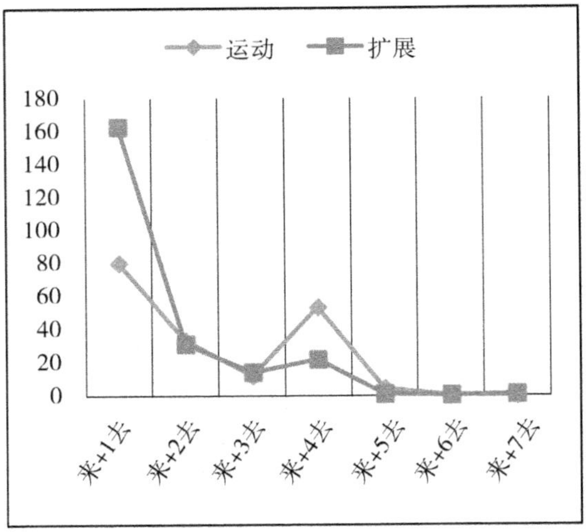

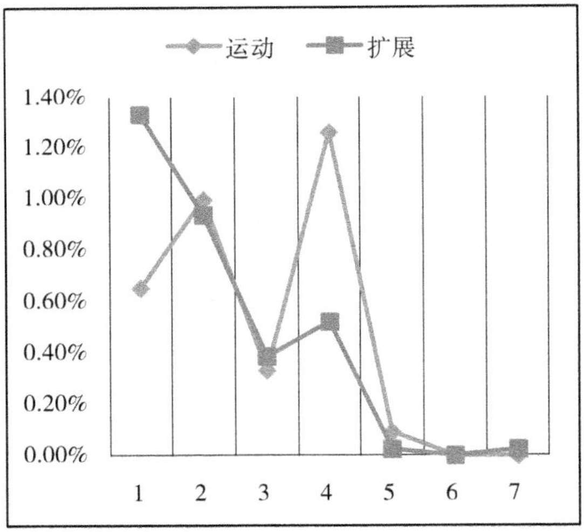

图 4.4 运动类“C 来 C 去”复现结构在间距维度上的频率和比率分布

需要注意的是，运动类“来-去”在符距+1 到符距+7 上整体频率都很低，并且其分布并不能体现短间距的绝对优势。相对应的，当运动“来-去”进行扩展时，其短间距频率相对较高，并且这种扩展使用集中于符距+1之上，其与符距2上的分布频率上存在断崖式的差距。这一定程度提示，“来-去”已经失去字面经验指称之义，而开始转变为一种概念结构。另外，图4.4还显示，频率和比率的对比基本类似。

尽管如此，整体上仍存在短间距规约优势，这种优势能限制运动类“C来C去”在短间距上的表现，例如：

(105)看到有人眼来眼去/＊眼睛来眼睛去，他还生气。

短间距的“眼来眼去”是自然表达，而长间距的“＊眼睛来眼睛去”则不可接受。

另外，依据运动类“CACB”的标记标准，我们同样对面向类“CACB”及其扩展使用进行了人工统计，结果发现依然存在间距效应，如图4.5所示：

我们发现，相比面向扩展类“C来C去”，面向类“C来C去”在频率和比率上均具有一致性的优势，这种优势表现在间距+1和间距+2的断崖式的差距上，这提示，“来-去”更多地是规约化为一种运动方向。另外，面向类与面向扩展类之间具有类似的短间距规约优势，这种效应对使用具有一定约束作用。

在面向类“C来C去”中，当间距变长，表达反复持续的能力会减弱，例如：

(106)a. 他走来又走去。.

b. 她缓缓地走过来又缓缓地走过去。

在短间距上，虽然“走来走去”用“又”连接，依然可表达持续反复，如(106a)所示，而在长间距上，如(106b)所示，则难以解读为持续反复。这种短间距对反复的限制与面向类“C来C去”长间距上的频率和比率表现相照应。

这样的间距效应对面向扩展类“C来C去”的使用也具有限制作用，例如：

(107)自在是什么？就是解脱。参来参去/＊参过来过参去，我不如你。

(108)医生们查来查去/＊查过来查过去，不得其究竟。

(109)对她们三个人吵来吵去/＊吵过来吵过去，他没有兴趣，

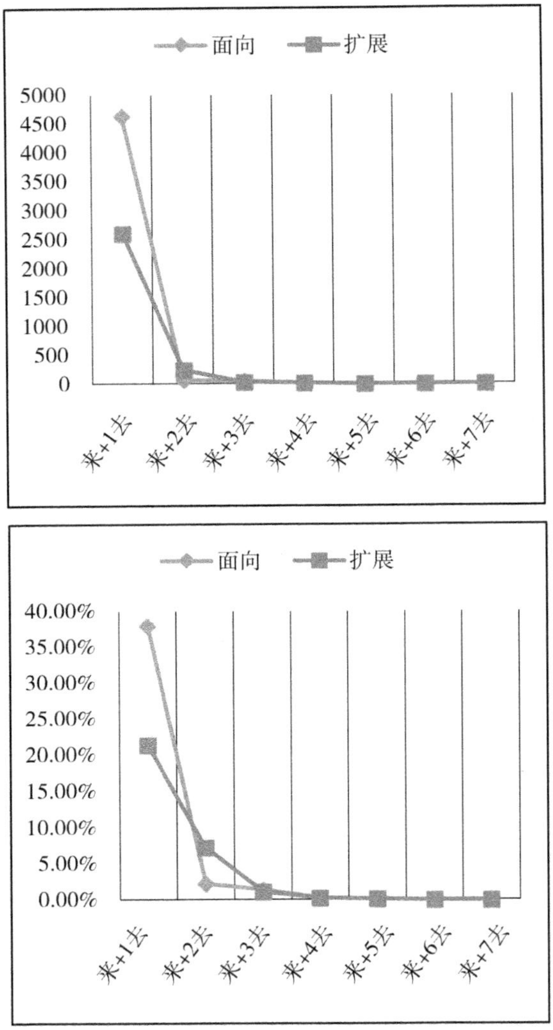

图 4.5　面向类“C 来 C 去”复现结构在间距维度上的频率和比率分布

似听不听。

从(107)到(109)各个“C 来 C 去”中插入“过-过”后所得的结构在语境中很不自然。原因在于，“过-过”凸显位移，而语境中的表达却在消减位移。

简言之，运动类和面向类“CACB”均存在以空间运动为基础的扩展，这样的扩展以“过程是运动”为主要方式。无论是字面表达还是扩展表达，均一定程度表现出间距效应。

4.3 “边 A 边 B”与时空互动

“边 A 边 B”中“边-边”存在两种使用：空间方位和同时框架，这两种不同的使用体现从经验相关到时空隐喻的连续性。

4.3.1 “边-边”的空间方位和同时框架

“边-边”在用作空间方位时表达实体的某个部分，“边-边”的这种用法与“C 前/上/左-C 后/下/右”存在着叠合，例如：

(110)a. 前边后边　　b. 上边下边　　c. 左边右边

d. *边前边后　　e. ？边上边下　　f. *边左边右

如(110)所示，这种用法的“边-边”不能置于“A-B”之前。当用于前置时，“A-B”则需要体现为行为，例如：

(111)有一天我经过她的办公桌，看她正在边哭边写着什么。

在(111)中“边-边”组构两个具有同步相关关系的同时行为。

“边-边”的两种使用也可体现为“一边-一边”。“一边-一边”的使用显示，空间方位与同时框架存在连续性，例如：

(112)a. 这个水溜子呢，一边儿高，一边儿低的。

b. 山高路陡，一边是高山怪石，一边是万丈深谷。

c. 在车上，他一边开车，一边和我交谈。

在(112a)中“水溜子”的“高”和“低”特征同时存在①；在(112b)中“高山怪石”和“万丈深渊”也是同时存在的客观实体；在(112c)中，“开车”和“交谈”是同时存在的过程，这两个过程是两个动态相关的系列，而并非在一点上的同时存在。两种“一边-一

① Lakoff(1993: 220)指出，存在“States are locations (bounded regions in space)”的隐喻。

边”的差别是，前者指称两个不同的空间方位，后者则不指称具体的空间方位，而是用作组构事件的框架。

方位与框架在某种特定语境下会并存，请考虑下例：

(113)一边做饭，一边洗衣服。

a. 这屋子比较大，一边可用作做饭，另一边可用作洗衣服。

b. 他一边在做饭，一边还在洗衣服。

在(113)中存在如(a)和(b)所示的两种歧义解读，这种歧义解读甚至能融合在一个表达中，例如：

(114)一边坚决要送，一边执意不收。

在没有具体语境的情况下“一边-一边”既可指互动双方也可作为同时框架。

当然，并非所有的过程均能由“边-边”或“一边-一边”的同时框架组构，其本身存在限制，例如：

(115)a. 他边走边吃。　b. ＊他边惊边喜。

c. ＊他边这边那。　d. ＊他边酒边肉。

(115)表明，“边A边B”中“A-B”需要限制于可控的行为，而排除自发的情绪、指称和实体，这些排除的表达在CCL语料中也不存在。一旦“A-B”具有自发性，“边-边”则能发挥组构作用，例如：

(116)a. 他边哭边说。　b. 她边舞边笑。

另外，“边-边”作为同时框架不组构具有相反意义的过程，例如：

(117)a. ＊他边哭边笑。　b. ＊他边骂边不骂。

(117)提示，“边-边”组构的“A-B”之间需要具有某种经验性的相关。

最后，在CCL语料中“边-边”作为同时框架对过程的组构往往限于“主体的行为”，这体现具身性倾向，但不具有强制约束力。例如，在“皮球边滚边漏气”中，虽然运动体是非主体，依然可接受，只是在语料中此类表达鲜见。

4.3.2 “边-边”共现中时间与空间的频率互动

在“边-边”的频率分布中存在两类间距效应：经验性空间方位的间距效应和框架性同时行为的间距效应，如图 4.6 所示：

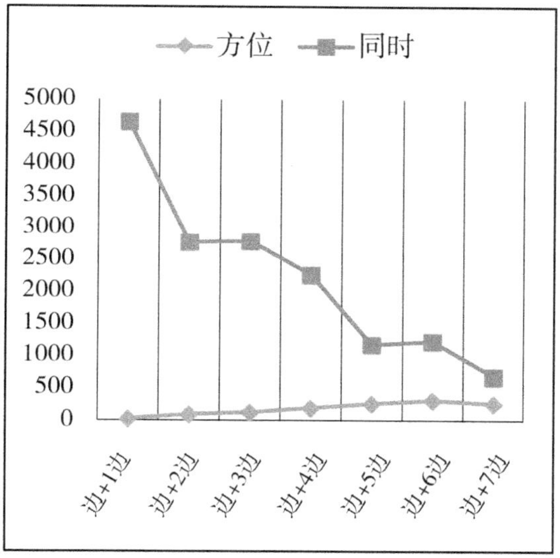

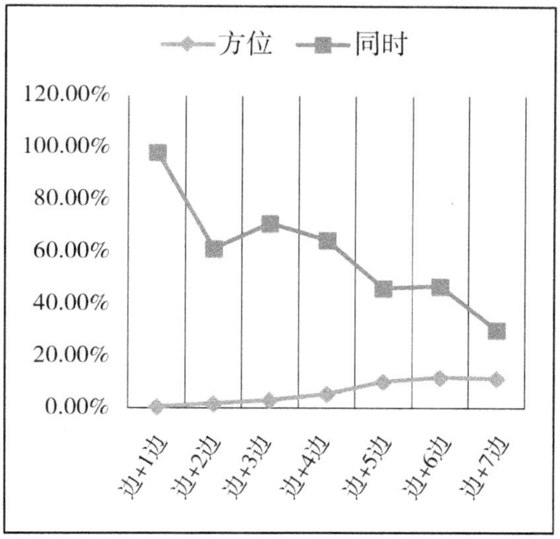

图 4.6　方位类和同时类“边 A 边 B”的频率和比率分布

“边-边”组构的同时行为在频率上具有绝对优势，随着间距增加其频率逐步降低，而“边-边”参与的方位表达却随着间距的增加其频率则逐步提高。这种趋势说明，在此，时间与空间在频率上存在互补趋势。这种短间距上框架使用频率的绝对优势对“边-边”的使用具有一定预测力，也就是，在短间距上排斥实体而接纳行为，例如“*边桌边椅”不能接受，而“边走边吃”则可接受。

这种短间距上的限制可通过增加间距的方式扩大“边-边”的组构能力，例如“一边是桌子一边是椅子”可接受。这体现空间方位表达的长间距优势效应。这种间距效应甚至可延伸至行为，例如：

(118) a. 它(木耳房)的一边已烧塌了，另一边还正燃烧……

b. 木耳房边烧边塌。　　　　　　(自造句)

在(118a)中“一边-一边”解读为空间方位，而在(118b)中“边-边”则解读为同时框架，二者的主要差别是长间距与短间距，这体现空间方位的长间距优势和同时框架短间距优势的对立。这种对立表明，在“边A边B”中空间与时间频率分布具有互补性。

4.4 小结

本部分关注空间性概念作为框架的复现结构，重点考查了“前/上/左C-后/下/右C”“C来C去”“边A边B”三类结构。这三类结构分别体现物体内部结构、物体关系、物体运动等空间域。空间域的这些不同方面均可用作组构和描述时间的不同属性或特征，总结如下：

“前-后”倾向于体现“时间点是空间方位/实体”，表达时间不可逆性；

“上-下”虽然也可表达“时间点是空间方位/实体”，但具有过程倾向；

“左-右”倾向于体现“时间持续是空间范围”，表达时间持续性；

“来-去”倾向于体现“过程是运动”，表达相继、反复和持续；

“边-边”倾向于体现“时间过程是实体部分”，表达同时。

这些证据均表明在语言中空间组构时间，但不同于以往主要关注空间面向与时间关系的时空互动。我们的新发现是，在复现结构中还存在“时间持续是空间范围”“过程是方位”的时空互动，并且这些由空间性内容表达的时间框架具有一个共同的特征：短间距的优势效应。这说明，时空隐喻本身受语言形式的调节。

需要注意的是，不同的空间对在组构或描述时间时体现差别化的倾向。这种倾向还体现在一些并未详细考察的空间共现对使用中，例如：

(119) a. 车内车外

b. *午内午外

(120) a. 不久，这村那村响起一串串爆竹声。

b. 有谁不会这时那时的碰上一个或几个(也许是全部)这样的美容灾难？

“内-外”不能用于描述时点，而“这-那”则能表述抽象时间。

除此之外，“此-此”作为空间方位共现对也可组构时间关系，例如：

(121) a. 此前此后，判若两人。

b. *此上此下

c. *此左此右

“此-此”只能组构“前-后”，而不能组构“上-下”“左-右”。既然“此前此后”表达时间，这说明“前-后”与时间关系规约程度更高。

而“之-之”原本表达运动，即“到”或“往”，其能组构“前-后”“左-右”，而不能组构“上-下”：

(122) 这段时间之前之后的事，还要靠时间去普告天下。

(123) 香仔者，熟黎能辨香者也。指某树有香，或树之左之右有香，则伐取之。

(124) *之上之下

这些实例依然表明“前-后”对时间的隐喻优势。这种优势的另外一个证据是“以-以”能组构“前-后”“上-下”，而不能组构“左-右”，例如：

(125) a. 诞生于蜕变阶段的中国人，生来也要比以前以后时代的人多受痛苦。

b. 在法律上"以上以下"是包括本数的。

c. * 以左以右

相对应的，"上-下"的趋势则是运动或抽象变化，例如：

(126) 我国经济周期呈几次大上大下/ * 大前大后/ * 大左大右变化。

(127) 离地面约 10 米高，直上直下/ * 直前直后/ * 直左直右的。

(128) 有彻上彻下/ * 彻前彻后/ * 彻左彻右之功。

"上-下"的另外一个趋势是社会等级，例如：

(129) 他软弱，对上对下/? 对前对后/? 对左对右都是唯唯诺诺。

上述这些不能接受的表达，在语料中也未有频率表现，这均表明从空间到时间的投射在不同的维度上存在差别化的规约倾向。

总而言之，复现结构体现空间组构时间，支持时空隐喻的有效性，但也发现空间隐喻浮现于类比和相关的基础之上，受语言形式调节。

5 时间作为空间的框架

在复现结构中，不仅空间域具有从内容到框架的切换，时间域依然具有此种切换。不同于空间，当时间作为内容被直接表达时，往往需要借助于空间关系，而当时间作为框架用作组构特定内容时，其往往体现经验上时间对过程的组构。只是，时间的组构对象要超出过程，能对各种不同的认知域进行组构，当然包括空间性内容。本部分主要详尽考察如表5.1所示的复现结构：

表5.1　　时间性框架示例

复现结构	实例
又A又B	又说又笑
时A时B	时快时慢
忽A忽B	忽高忽低

5.1 "又A又B"中的时空互动

"又-又"具有广泛的组构能力，不仅能组构时间性或空间性内容，而且还能组构其他认知域的内容。在"又-又"组构行为过程时表达同时、反复和相继三种时间关系，这三种时间关系均体现间距效应。

5.1.1 "又-又"的组构倾向

"又"在现代汉语中不充当任何内容性的时间，只充当对过程的组构，主要是表达某类过程的重复发生，例如：

(1)a. 今天又下雪了。 b. ＊今天又 c. ＊今天的又

在(1)中“又”提示“下雪”曾发生过，在此只是再次发生。这样的“又”不指向任何内容。“又-又”只是承继了“又”的框架性，但本身则并不预设某个事件曾发生，而是直接表达过程的相继性反复，例如：

(2)20个弱智女从没见过这阵势，也吓得又哭又闹/一会哭一会闹。

(3)刘綎见了，又惊又喜/？一会惊一会喜，惊的是杜将军从天而降，必然取得了赫图阿拉；喜的是自己正是力战不胜，幸而来一帮手。

在(2)中“又-又”组构“哭-闹”，表达两个过程的相继反复，可由“一会-一会”替换，并不预设在此之前还存在“惊-喜”或“哭-闹”；在(3)中“又-又”组构“惊-喜”，不适合用“一会-一会”替代，凸显同时关系。这表明，“又-又”所组构的两个过程具有相继和同时两种语义，这种使用与“边-边”类似，这体现在二者存在大量的相互重叠的组构实例上，如表5.2所示：

表5.2 **“边A边B”与“又A又B”的共享实例**

组1 又A又B	组1 边A边B	组2 又A又B	组2 边A边B	组3 又A又B	组3 边A边B
又唱又喊	边唱边喊	又唱又跳	边唱边跳	又唱又笑	边唱边笑
又吃又玩	边吃边玩	又打又骂	边打边骂	又弹又唱	边弹边唱
又歌又舞	边歌边舞	又讲又比	边讲边比	又叫又跑	边叫边跑
又叫又跳	边叫边跳	又看又听	边看边听	又哭又唱	边哭边唱
又唱又扭	边唱边扭	又唱又舞	边唱边舞	又吃又喝	边吃边喝
又打又叫	边打边叫	又打又追	边打边追	又读又写	边读边写
又喊又跳	边喊边跳	又叫又哭	边叫边哭	又叫又嚷	边叫边嚷
又叫又咬	边叫边咬	又看又写	边看边写	又哭又骂	边哭边骂

在这些统计自CCL语料的共享实例中，“A-B”均是行为，并且在具体情景下，二者没有明显的差别，例如：

(4)a. 郭彩娣见谭招弟给大家围住，又唱又扭/边唱边扭，心里有些不高兴。

b. 老人们在热烈的掌声中走上台，边唱边扭/又唱又扭，表演起了秧歌剧。

在(4)中，“边唱边扭”和“又唱又扭”能够互换，难以解读出实质性的语义差别。但这并非意味着二者不存在差别，例如：

(5)a_1. 她边说边把裙衣系好。　a_2. ＊她又说又把裙衣系好。

(6)b_1. 我们对他是又爱又恨。　b_2. ＊我们对他是边爱边恨。

虽然在(5)和(6)中各句均表达同时，然而“边-边”和“又-又”却不能互相替代。二者不能互相替代的原因是，“边-边”倾向于提示两个独立的行为系列同时进行，而“又-又”倾向于提示两个反复的系列过程交错进行。

另外，这种不对称还表现在，“边-边”组构两个独立的行为，但不能组构静态状态，相较之下，“又-又”的使用则广泛得多，可组构静态性的内容：

(7)屋子里面又闷又热/＊边闷边热。

(8)我们对他是又爱又恨/＊边爱边恨。

(9)他又像哭又像笑/＊边像哭边像笑。

(10)他长得又黑又胖/＊边黑边胖，健康得人见人爱。

能组构状态、情感、属性的“又-又”体现的是一种内在扫描或处理过程。从处理过程到空间系列，“又-又”的同时是以系列为基础，进而表达一段时间内的状态。这并非意味着“又-又”能组构任何属性，例如：

(11)a. ＊又黑又白　b. ＊又来又去　c. ？又窄又宽

d. ＊又前又后　e. ＊又左又右　f. ＊又高又低

“又-又”倾向于组构两种非同一维度甚或非同一域的属性，例如：

(12)a. 又快又好　b. 又大又厚　c. 又黑又瘦

(13)a. ＊又黑又白　b. ＊又慢又快　c. ＊又大又小

一旦“又-又”组构相反属性，需要将“A-B”解读为状态变化，例如：

(14) a. 盖叫天脸孔涨得又红又紫/一会红一会紫。

b. 可怜的薛定谔猫也终于摆脱了那又死又活/一会死一会活的煎熬。

c. 你这又上又下/一会上一会下的，把人搞晕了。(自造句)

在(14)中“又-又”均能为“一会-一会”所替代，这表明在这些语境中其主要表达时间系列。

重要的是，此框架能用作组构空间内容，例如：

(15) 她的背后拖着一条又细又长/ * 边细边长的小辫子。

(16) 它的肩高 140-160 厘米，耳朵又圆又大/ * 边圆边大，条纹细密且多。

“又-又”不能为“边-边”所替代，说明二者是不同的时间框架。

简言之，“又-又”在语境中涉及反复、系列、相继、同时的语义切换，是时间性框架，能组构空间性内容。

5.1.2　“又-又”共现中时间与空间的频率互动

在 CCL 语料中，“又-又”在组构行为时存在两个互补的频率分布。在此，标记的主要标准是只出现两个“又”组配的结构而排除多个“又”组配的实例，结果如图 5.1 所示：

当“又-又”表达行为先后时，存在长间距优势，即间距越长频率或比率越高；当“又-又”表达同时行为时，在频率上存在短间距效应，即间距越短频率越高，只是在比率上尽管整体上仍为短间距效应，但出现中间间距优势；当“又-又”充当同时框架时则表现出频率优势，并且在频率和比率上均表现出一致的短间距优势，即间距越短，频率和比率越高。

既然“又-又”所组构的同时行为和先后行为的根本差别在于：同时行为的组构中体现代表性，先后行为的组构中体现临摹性。这种相反的趋势表明间距越短表达的代表性倾向越强，而间距越长表达的临摹性越强。请考虑下例：

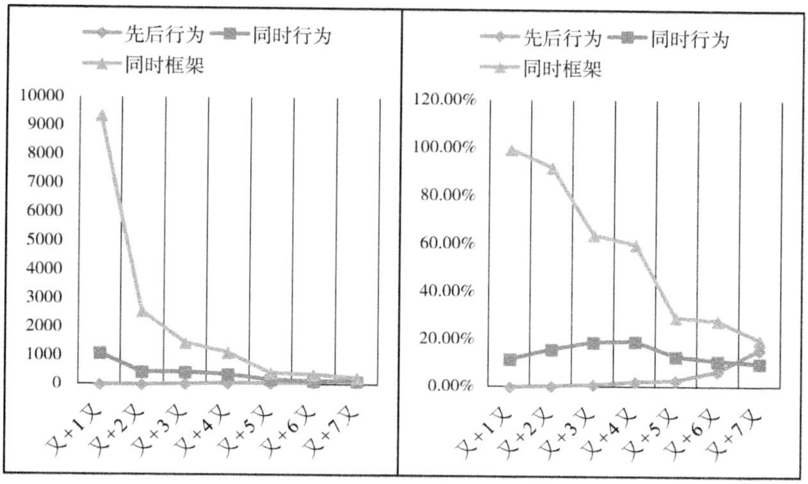

图5.1 “又-又”不同解读的频率分布

(17) a. 王桂庵又掏出一股金钏又扔过去，这姑娘还是不动声色。

b. 他又掏又扔个没完，这姑娘就是不动声色。 (改造句)

(18) a. 她挣扎着想坐起来，但向后一靠又躺倒了，于是又打起滚来。

b. 她又躺又滚，开始跳起来。 (改造句)

“又-又”在长间距下组构的“掏-扔”，如(17a)所示，倾向于解读为有限的两个相继行为，而在短间距下组构的“掏-扔”，如(17b)所示，则倾向于解读为相继反复。类似地，“又-又”在(18a)中组构有限的相继行为“躺-滚”，而在(18b)中则组构反复相继的“躺-滚”。

需要注意的是，对于“又-又”而言，其作为同时框架在间距上的断崖式分布表明其已经规约化为一个常规的、短间距型的时间框架。

进一步考察发现，“又-又”在组构空间格局上依然存在着间距效应，如图 5.2 所示，在此，行为过程的实例是先后行为和同时行为的总和，而空间格局是指字面义上表达空间样态。重要的一条标准是“A”或“B”一个为空间格局即视为体现“又-又”组构空间。之所以出现这样的情况是因为“又-又”本身具有组构不同认知域的能力。这实际上提示，“又-又”所表达的时间关系如空间关系一样具有较强的组构能力。

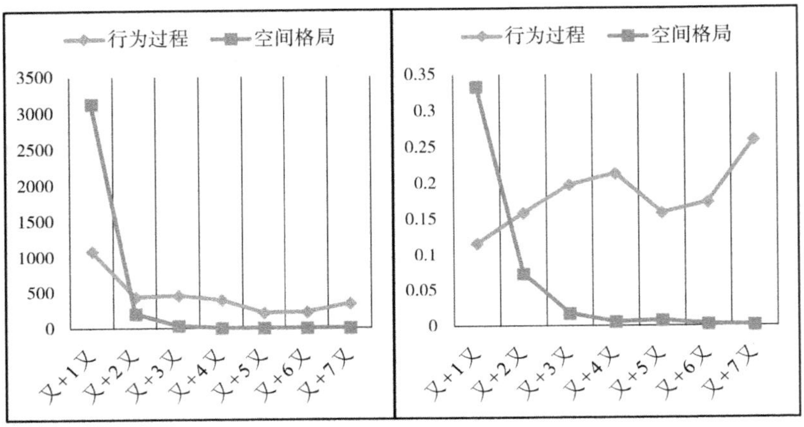

图 5.2 “又 A 又 B”中行为过程和空间格局的频率和比率分布

结果显示，在“又 A 又 B”中空间格局在“A-B”上的频率表现出断崖式的间距效应，在频率和比率上均呈现出一致性，这提示“又-又”与空间格局在间距+1 上已经高度规约。而相对应地，结果还显示，“又-又”在组构行为时表现出在长间距上的高比率和短间距上的高频率。这种不一致性从另一个侧面提示，在“又 A 又 B”中时间与空间的依存具有规约性。

简言之，在“又 A 又 B”中时间与空间的依存具有短间距效应的规约性，这提示，时间对空间的组构也受语言形式特征调节。

5.2 “时 A 时 B”中的时空互动

“时-时”存在两种使用：内容性和框架性。内容性时间以时间本身为指称对象，而框架性时间以过程为组构对象，表现出同时和有时的语义变化。在内容性时间中体现时间的空间隐喻，而在框架性时间中则体现时间是经验过程的抽象。

5.2.1 两类时间与时空互动

“时-时”的共现表达存在内容和框架的对比，例如：

(19)平时与战时，国家面临的安全环境、军队所担负的任务不同。

(20)7月的昆明阵雨阵晴，我们的大客车在通往北郊的路上时走时停。

在(19)中“时-时”指称时间，而在(20)中“时-时”组构反复过程。

当“时-时”作为指称对象时，“时-时”可表达抽象时间和事件时间，此类时间可由空间和量级来组构，例如：

(21)a. 心动时，因分别所致，有了前时、后时。心若不动，则时时刻刻都一样。

b. 凡是行处、住处、坐时、卧时，他母亲紧紧跟随。

b. 这些人是在12月16日凌晨1时或2时后死亡的。

在(21a)中“前-后”组构时间顺序，以空间隐喻方式表达两个时刻；在(21b)中行为事件用作定位时间段；在(21c)中时间段的长度用数量来量度。

当“时-时”作为框架时，则具有有时和同时之义，例如：

(22)19时整，对岸大担岛上，霓虹灯时绿时红/有时绿有时红。

(23)你几时有钱，几时还我/当你有钱时，再还我，咱们自己朋友还过不着这点有无相通吗？

在(22)中“绿-红”的两种状态在时间系列上交替变化，可由“有时-有时”替代；在(23)中“还我”发生的时间在“有钱”的时间段之内，可替换为“当你有钱时，再还我”。

“有时”之义还体现为“时而-时而”“有时-有时”“一时-一时”，例如：

(24) 那一对夫妻鼠表现得亲密无间，时而互相追逐，时而相拥在一起。

(25) 他们每次见面总有一阵风波，有时大有时小。

(26) 有些文学作品经得起这个无情的筛洗过程，尽管时明时晦，出头一时，淹没一时，却没有过时的问题。

还可以通过事件时间来组构过程，例如：

(27) 大姑娘裁尿布，闲时做下忙时用。

与抽象时间不同，这种事件时间强调规律性相继，并不提示即时反复。

在表达“同时”之义时，主要通过重复性回指的方式，更多的实例如下：

(28) 中国人的收视习惯一直是被电视“牵”着走，何时播就何时看/？何时看就何时播，观众没有自己选择的余地。

(29) 星期天多派几个好手，从早干到晚，什么时候完工什么时候歇手/？什么时候歇手什么时候完工。

(30) 乐一个时辰，算一个时辰/＊算一个时辰，乐一个时辰，都是死过的人，我们就得好好陪他们乐乐。

(31) 高检院还设立全国人大代表联络处，对平时收到的人大代表建议、转交案件和政协委员提案，随时收到随时呈批、交办/＊随时呈报、交办随时收到。

从(28)到(31)，所有提及的两个事件本身存在相继的时间关系，倒置表述语序不能替代原表达。尽管这种逻辑上的相继，然而这些并提的事件均发生在相同的时间段。在此，前置事件为后置事件的启动事件。

从语义扩展角度看，“时-时”的指称和同时框架用法均可体现时空互动。当“时-时”用作指称时间时，体现空间隐喻，例如：

(32) a. 此句要表明在什么情况不能表态，而不是在什么时点或时段不能表态。

b. 王琦瑶继续说着命运的无常，此一时彼一时，山不转水转，水不转人转。

在(32a)中“时点或时段”体现“时间是空间实体”的隐喻；在

(32b)中“此一时彼一时”体现“时间点是空间方位”的隐喻。

时空隐喻也能体现在同时之义上，例如：

(33)生活好了，谁不想自己开个车，想去哪去哪。

(34)您哪时到，哪时有您的座儿！

在(33)中“哪-哪”表达离散的空间方位，而在(34)中则表达离散的时间点。时间与空间在“哪-哪”中的并置提示时空隐喻发生的可能，在此的推理是“同一时间点是同一位置”。

相对而言，在“时-时”表达系列时间时具有更广泛的组构能力，总结如下：

表 5.3　**“时-时”组构能力示例**

认知域	短语	认知域	短语
量级	时多时少	程度	时轻时剧
变化	时隐时显	现象	时风时雨
力量	时强时弱	颜色	时浓时淡
评价	时好时差	速度	时疾时缓
社会	时分时合	真假	时真时幻
状态	时昏时醒	运动	时静时动
空间格局	时疏时密	知觉	时见时不见

所有这些不同类型的“时 A 时 B”均表达反复的系列变化。当“时-时”用作将静态实体表述为动态变化时，则出现虚拟运动，例如：

(35)a. 两个酒窝在他颊上时深时浅地浮动。

b. 所谓“鸡窝煤”，煤层也就时深时浅，时大时小，不利于机械操作。

在(35a)中“时深时浅”表达伴随着脸部酒窝的空间格局在时间维度上发生反复变化，体现时间与空间的相关性；在(35b)中，“时深时浅”“时大时小”则以动态的方式描述煤层的静态分布格局。在表情的情景中，表情本身是个动态过程，这样“时-时”表达该过程的往复，但在煤层情景中，并不存在任何动态过程，也就是静态的情景被描述成动态过程。这种描述方式普遍适用于静态物体空间格局的描述，例如：

(36)a. 后湖的水面狭长，时宽时窄，收放相济。

b. 山路崎岖不平，时而蜿蜒时而陡峭。

c. 俄罗斯的道路自路基起步——时而土路，时而水泥道。

在(36)中情景均为道路，其空间格局均由时间组构，原因是，在山路情景下运动预设既可表达真实情景，而也可表达非真实情景，例如：

(37)a. 蜿蜒崎岖时上时下的山路上，一辆辆赛车飞驰而过。

b. 公路两侧的山崖时而陡峭时而平缓，并不茂盛的植被还是青绿色。

在(37a)中“飞驰而过”的运动是真实情景，而在(37b)中“山崖”并非人类活动的场所，因此并不预设运动，为此，陡峭和平缓所提示的运动均是想象的。一旦变成想象，基于运动的时间则转变为处理时间。

除组构空间格局外，“时-时”系列还能组构跨域投射，例如：

(38)a. [他]用时粗时细的变了音的嗓子说。

b. 中国队在每场比赛中都打出过的精彩片段，虽然过程时短时长，但其中表现出的“实力对话”让人振奋。

在(38a)中“粗-细”本为空间样态，在此则表达声音的变化，这样，“时-时”组构从空间域到声音域的投射；在(38b)中“短-长”表达空间物体的维度，在此则用作描述“过程”在时间维度上的长短，这样，“时-时”组构从空间域到时间域的投射。

总而言之，在“时-时”使用中空间对时间的组构出现于其指称性用法，而其框架用法体现时间对空间的组构。这两种使用体现为有时、同时和对象三种语义。

5.2.2 “时A时B”中时间与空间的频率互动

“时-时”所表达的有时、同时和对象在频率上存在很大差异，基本上是“有时-有时”的时间系列占据绝对优势，如图5.3所示：

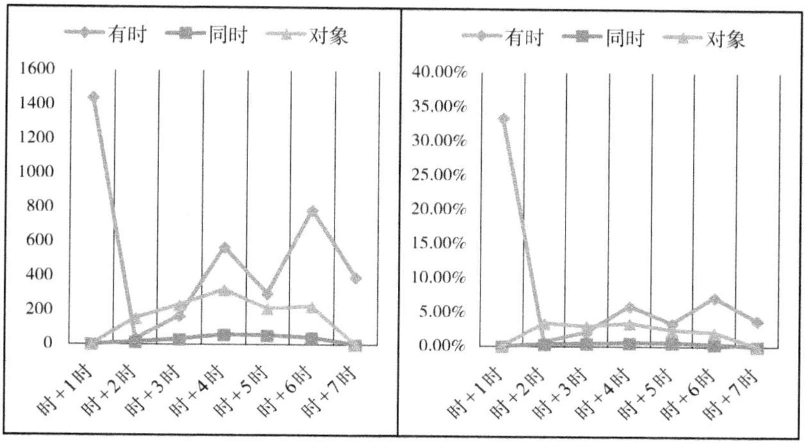

图 5.3 “时 A 时 B”三种使用的频率和比率分布

结果显示，“时-时”在表达有时系列时，依然在短间距上表现出断崖式的优势，之后则呈现出一种不规律的分布。相对应地，同时类和对象类频率则呈现出中间间距频率高，而两头频率低的趋势。这两种分布使得其在内省上不易获得照应。需要说明的是，这种非规律的变化提示，空间组构与时间组构存在不同的规约化倾向。

从时空互动的角度看，“时-时”对空间的组构主要体现在对静态空间格局的描写上。此类结构主要体现在“有时”类“时 A 时 B”中，其在间距上的频率分布如图 5.4 所示。时间描写静态空间用例的虚拟运动类频率分布基本上与“有时”类“时 A 时 B”的分布趋势一致，表现出断崖式的下跌，并在中间间距上出现稳步回升的态势。这样的分布提示，时空互动在短间距内具有规约化倾向。

简言之，在“时 A 时 B”中时间组构空间，受到形式特征的影响，呈现出独特的间距效应。

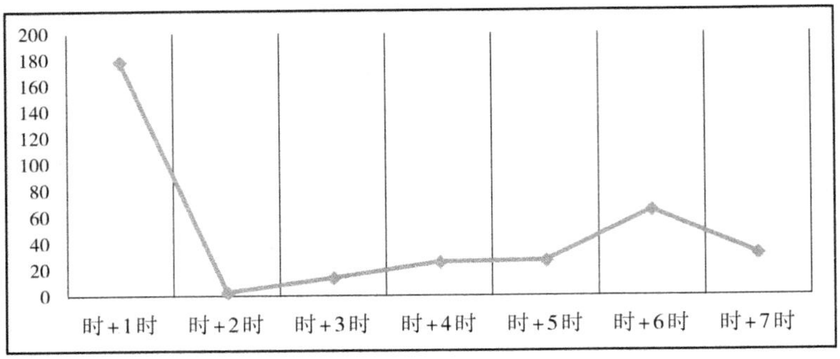

图 5.4　虚拟运动类“时 A 时 B”实例的频率分布

5.3 “忽 A 忽 B”中的时空互动

从使用倾向上看，“忽-忽”表达短时，具有跨域组构的能力，其中包括空间域，并表现出不同于“时-时”的使用倾向。

5.3.1 “忽-忽”的组构倾向

从语义上看，“时-时”与“忽-忽”均能表达“有时”之义，如：

(39) 裕块在他嘴里滚来滚去磕碰着牙齿“当啷”响，两腮忽凸忽凹/时凸时凹。

在(39)中“忽-忽”可由“时-时”替代，二者均表达反复相继性持续。在此二者未表现出实质性差异。

进一步考察发现，“时-时”表达一般意义上的即时过程系列，而“忽-忽”则强调事件间隔时间短，这尤其体现在“忽然-忽然”上，例如：

(40) a. 这种忽横忽纵/？时横时纵的急速变化，令叛乱部队无法及时反应过来。

b. 远处的车声忽然的来到，又忽然的走开/？有时的来到，又有时的走开。

在(40a)中“忽-忽”难以由“时-时”替代，因为后文存在“极速”；在(40b)中“忽然-忽然”不能由“有时-有时”替代。

一般抽象意义的“时-时”可成为指称的对象，而“忽-忽”则不能，例如，“时区时段”可接受，而“*忽区忽段”则不可接受，也可说“此一时彼一时”，但不能说“*此一忽彼一忽”。这样的“忽-忽”只能表达即时性的相继反复，而不能表达规律性的行为，例如，“即停即走”表达规律性的相继行为，而“忽停忽走”只能解读为即时的相继反复。

另外，“忽-忽”与“时-时”的扩展方式存在差别，如表5.4所示：

表5.4 **“时-时”与“忽-忽”的扩展对比**

时-时	忽-忽	时-时	忽-忽
时而-时而	忽而/尔	不时-不时	*不忽-不忽
一时-一时	一忽-一忽	时常-时常	*忽常-忽常
*时然-时然	忽然-忽然	随时-随时	*随忽-随忽
有时-有时	*忽时-忽时	时时-时时	*忽忽-忽忽
时或-时或	*时忽-时忽	几时-几时	*几忽-几忽

这表明，“忽-忽”不能表达经常(不时)和任意时间(随时、时时)，其典型地表达系列时间或处理时间。具有系列倾向的“忽-忽”体现时空互动，例如：

(41)密勒的写法是电影式的，时间忽前忽后。

(41)中的情景是故事创作，在这个过程中，描述的时间顺序可由作者自由选择，这种时间选择的变化被描述成“忽前忽后”，这体现“时间点是空间方位”的隐喻，其推理是：选择时间犹如选择地点一样自由。“忽-忽”的时间系列倾向同样也可以将静态实体描述为动态，例如：

(42)飞机环绕水库盘旋，只见浩瀚的水面在群山中蜿蜒伸展，水面忽大忽小。

概而言之，以时间系列为基本结构义，“忽-忽”的跨域组够能力与“时-时”类似，如表5.5所示：

表5.5 “忽-忽”组构能力示例

认知域	实例	认知域	实例
温度	忽冷忽热	变化	忽断忽续
空间格局	忽高忽低	量级	忽多忽少
颜色	忽明忽暗	行为	忽伸忽缩
状态	忽隐忽现	触觉	忽软忽硬
时空	忽起忽落	颜色	忽红忽青
速度	忽快忽慢	年龄	忽老忽小
价值	忽好忽坏	人	忽女忽男
力	忽轻忽重	身体	忽掌忽指
情感	忽喜忽忧		

这些使用说明“忽-忽”是一般性的时间框架，具有广泛的组构能力。

5.3.2 “忽A忽B”中时间与空间的频率互动

“忽-忽”作为时间框架在频率和比率上的分布呈现间距效应，与“时-时”类似，表现出短间距的优势，且在间距维度上存在断崖式的分布，如图5.5所示：

这样的结果表明，“忽-忽”已经规约化为一种固定框架。在这个规约性时间框架中存在两种我们关注的使用：空间反复和先后列举，例如：

(43)夜月明净，风涛万里，一叶孤舟忽而抛上浪尖，忽而跌入深谷。

(44)这个死人忽然间就醒了，忽然叹了口气。

在(43)中“抛上-跌入”的空间位移反复出现，而在(44)中“醒来-叹了口气”只是两个先后的行为。此两类复现结构的频率和比率如图5.6所示：

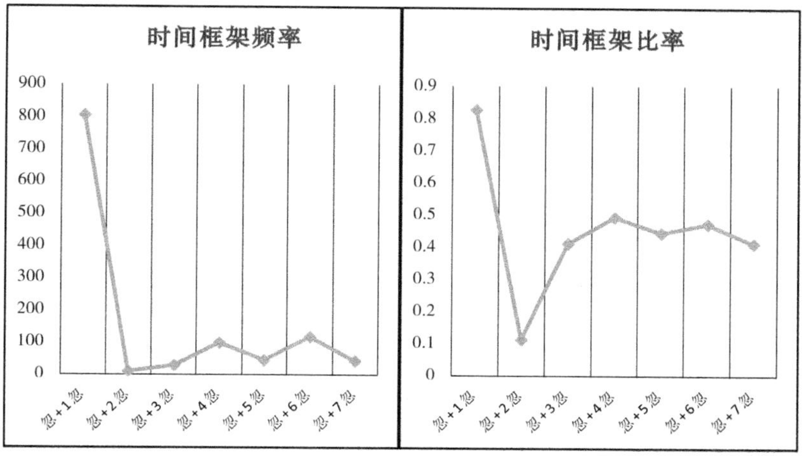

图5.5 “忽-忽”作为时间框架在间距维度上的频率和比率分布

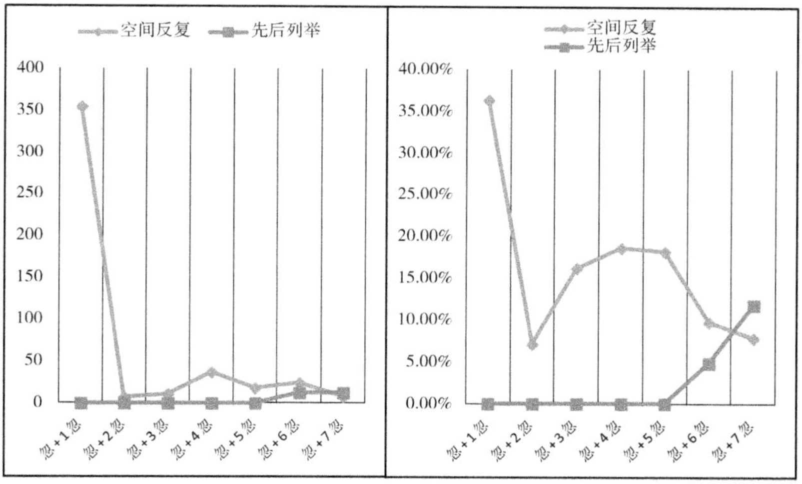

图5.6 “忽A忽B”中空间反复和先后列举的频率和比率分布

结果显示，在符距+1和符距+2上，“忽-忽”对空间位移的组构存在断崖式频率表现。这种分布与先后列举形成对比，其在长间距上才有所表现。

就时空互动而言，这样的分布趋势在短间距上会造成反复的强化解读，而在长间距上则具有非反复的列举趋势，例如：

(45)a. 他的瞳孔忽然收缩，肌肉忽然绷紧。

b. 他忽收缩忽绷紧。 （改造句）

(46)a. 火焰，来去无踪，无时不是动着，忽然扬焰高飞，忽然销沉将熄。

b. 火焰忽飞忽熄。 （改造句）

(47)a. 远处的车声与叫卖声忽然的来到，又忽然的走开。

b. 远处的车声与叫卖声忽远忽近。（改造句）

在长间距上，“忽然 A 忽然 B”倾向于解读为两个事件变化的列举，而在短间距上“忽 A 忽 B”则倾向于解读为反复的变化。这种间距效应甚至于妨碍将先后变化改造为反复变化，例如：

(48)a. 没有鸡犬的啼叫，好像全城的人都忽然害了什么病，忽然都死去。

b. ？全城的人忽病忽死。 （改造句）

在(48)中“＊忽病忽死”是不自然的表达。

简言之，虽然不像空间框架的分布具有规律性的短间距优势效应，但“忽-忽”表现出类似于“时-时”的间距效应，并且存在短间距与长间距的使用对比。

5.4 小结

本部分关注时间充当框架的复现结构。我们详细考察了“又 A 又 B”“时 A 时 B”“忽 A 忽 B”三个复现结构。在这些复现结构中存在“又-又”“时-时”“忽-忽”三个时间框架，其均能表达反复时间系列，其中“又-又”能表达同时和有时，“时-时”则表达有时、同时和对象，“忽-忽”则主要表达短时的时间系列。

这些不同的时间框架均能用于组构空间内容，只是会表现出差别，例如：

(49)a. 庄园中间偌大的四合院，全是瓦顶，又高又大/＊时高时大/＊忽高忽大。

b. 它主张天体都绕着北极星旋转，离地球时近时远/＊又近又远/＊忽近忽远。

c. 尽管是漆黑的夜晚，它(蝙蝠)照样忽上忽下/? 时上时下/? 又上又下，急剧地变换着飞行方向和速度，捕捉飞虫作食物。

在(49)中“又-又”“时-时”“忽-忽”互相不能替代。这提示，在组构空间时，“又-又”凸显同时，倾向于组构不同维度，“时-时”凸显相继反复，倾向于组构同一空间维度，“忽-忽”倾向于组构短时空间位移。在这些不同的组构倾向中隐含短间距优势的共同属性，这均提示，时间对空间的组构受到形式特征的影响。

总而言之，在复现结构规约中，时间能组构空间。

6 时间与空间的类比框架

以上的研究表明，在复现结构中时间和空间既可充当彼此的框架也可充当彼此的内容。这样的结果说明时间与空间之间的组构具有非对称性的双向性。实际上，时间与空间的互动在复现结构中还存在对称性。这种对称性主要体现在时间和空间均充当内容的类比复现结构中。在此类复现结构中框架由一般性范畴所充当，例如，“一 A 一 B”中的框架为量级，在“或 A 或 B”中的框架为选择，在“有 A 有 B”中的框架为存在，在“没 A 没 B”或“不 A 不 B”中的框架为否定。在使用中，“一-一”“或-或”“有-有”“没-没”“不-不”等框架均对时间和空间表现出中性。本部分主要关注时间和空间作为内容在这些复现结构中的互动体现。由于此类复现结构中“A-B”在四字格中具有高度的可识别性，为此本部分只考察其四字格形式中体现的时空互动。

6.1 “一 A 一 B”中的时间与空间

通过对 CCL 语料的考察发现，在“一 A 一 B”的四字格形式中“一-一”具有广泛的组构能力，如表 6.1 所示：

表 6.1　　“一-一”组构能力示例

认知域	实例	认知域	实例
时间关系	一早一晚	触觉	一软一硬
空间关系	一前一后	颜色域	一白一黑
实物	一头一脸	温度域	一热一冷

续表

认知域	实例	认知域	实例
实物形状	一胖一瘦	味觉	一辛一苦
实物材质	一金一铜	力	一轻一重
事件	一隐一现	价值	一贵一贱
量级	一多一少	社会关系	一公一私
情绪	一哀一喜	结果	一胜一负
人	一男一女	表达	一字一句

“A-B”可体现各种认知域：量级、情绪、人、触觉、颜色、温度、味觉、力、价值、社会关系、结果和表达，其中包括时间和空间。单从这些没有语境的表达来看，并不能确定“一-一”如何来组构这些不同的认知域内容。

6.1.1 “一 A 一 B”与时空互动

在具体的语境中，“一-一”表现出语义解读上的变化，这些变化涉及时间性内容与空间性内容之间的切换。请考虑下例：

(1) a. 美东海岸与非洲西海岸一凹一凸互相对应。

b. 子母扣儿，纽扣的一种，用金属制成，一凸一凹的两个合成一对。

在(1a)中“一-一”回指两个实体，这样“一凸一凹”以有限的一对一的形式描述两个“海岸”的空间形状，在(1b)中同样以一对一的方式描述两种部件，这说明“一-一”存在精确列举的使用。这种精确列举不仅适用于空间实体，也适用于时间段，例如：

(2) a. 刘金生回到营房，一觉整整睡了一天一宿。

b. 两人累了一日一夜，身上又各受伤，终于都合上眼睡着了。

“一天一宿”和“一日一夜”均指称一个白天和一个晚上的时间长度。

当然，并不是所有的“一-一”均能解读出精确列举之义，例如：

(3) a. 她的脸扭曲得好难看，腮上的肌肉一凹一凸，一根根牵动着。

b. 两腮一凸一凹的大概是正嚼着东西。

在(3)中“一凹一凸”描述运动过程中实体呈现交替的空间样态。在此，描述并非针对两个空间样态，而是针对两种交替变化，表达一个无限的系列过程。这种系列化也适用于描述静态的空间样态，例如：

(4) a. 由古柏的躯干雕凿而成的榫卯群，一凹一凸，各向东西，错落而置。

b. 皱纹，物体表面上因收缩或揉弄而形成的一凸一凹的条纹。

在(4)中，虽然“凹-凸”也表达空间样态，但是却描述无限数量的凹凸空间格局，实际上是以系列化的方式描写区域性的空间格局，也就是通过处理时间描写空间。

除此之外，“一-一”还存在一种相关性的应用①，例如：

(5) a. 我把这些画买了，我我，我送给大家，一人一张，就是送个吉利！

b. 一年一度的中秋佳节，又来临了。

在(5a)中“人”和“画”在数量上形成一对一的对应关系，“一-一”表达两个空间性复数实体系列在数量上的相关；在(5b)中时间段与事件次数在数量上存在一对一的相关关系。这种相关关系也出现于时间与空间之间，例如：

(6) 我想我会要5个孩子，5年里一年一个。

(7) 贪求一时一域之利的短视眼光和行为不可取。

在(6)中“一年”和“一个”形成数量上的相关，这样代表性地表达复数实体和复数时间的对应。而在(7)中“时”和“域”是非确定事件的两个相关方面，在此只是列举，而并未指向无限的系列。

至此，实际上存在着“一-一”的列举、系列和相关的三种使用与时间和空间之间的交错匹配。在这些匹配中，时间和空间均为内

① 邵敬敏、崔少娟(2010：76)将此称之为“配列关系”。

容而非框架，并且是类比性内容。之所以认为时间和空间被视为类比，是因为在“一 A 一 B”中“A-B”具有内容和类比的使用倾向，例如：

(8)a. ＊一是一该　b. ＊一能一可　c. ＊一既一也

(9)a. ？一天一些　b. ？一书一举

在(8)中“是-该”“能-可”“既-也”均非内容性表达，故而，不能充当“A-B”；在(9)中，虽然“天-些”“书-举”表达“时间段-空间量”“实体-过程”的组配，但均不能形成类比的共现，在没有语境的情况下两例很难解读出意义。

当然，“A-B”的共现如果具有经验基础，非类比维度的“A-B”也能在“一-一”中并置，例如：

(10)a. 中国队利用巴特尔和李楠一高一快的配合，开始占据上风。

b. 她跑到顺义，流产术后才第二天，一急一跑，下面的血一股股地流。

在(10a)中“高”是空间域，而“快”是时空经验，在(10b)中“急”为情绪域，“跑”为运动域，这些均可归结为不同域的属性能被“一-一”并举，是因为二者隶属于同一个即时经验中，也就是经验性相关。

重要的是，在“一-一”中时间和空间的组构以类比和经验性相关为基础。这种类比和相关不能用隐喻来解释，请考虑下例：

(11)胸中有全局，笔下的一时一地的人和事才轻重相宜，分寸得当。

(12)双方血战一天一夜。

(13)一间很简单的屋子，只有一床一几，一桌一椅。

从(11)到(13)，所有的“A-B”均为实体性内容，“一时一地”体现时空的经验性相关，而“一天一夜”与“一桌一椅”的类比将“天-夜”与“桌-椅”视为类比对。如果承认量是空间与时间共享的范畴，那么在此就不能确认发生时间的空间隐喻。然而，如果承认时间本身并非实体，再同时承认“时/天/夜”均为实体，那么“一-一”的类比虽然本身并非时间的空间隐喻，但却由“时间点是空间实体”的隐喻所支撑。

简言之，在“一 A 一 B”中时间与空间被视为类比对，二者的互动以更为深层次的隐喻作为支撑。

6.1.2　“一-一”中时间与空间的频率互动

为考察时间与空间在“一 A 一 B”中的频率对比，我们主要关注“一 A 一 B”的四字格形式，原因在于：

一，只有在四字格中“一-一”的框架角色显见，在长间距上框架角色复杂，例如，在“啃着一口干馍，喝一口凉水”中“一口-一口”面向空间实体，可为“干馍-凉水”的框架，然而，“啃-喝”为过程，也可为“干馍-凉水”的框架。也就是类比框架和过程框架并存，这样便难以确认单纯的框架。

二，当间距拉长，相关关系已经不再是一个“CACB”结构，而转变为“CXC”结构，例如，“一回一摞”在长间距上的表达为“他一回搬一摞书”。这超出本研究考察的范围。

在四字格上，经过人工统计涉及时间或空间的“一 A 一 B”的频率为 26546，而全部“一 A 一 B”共现频率则为 55581，占比达到 47.76%，如表 6.2 所示：

表 6.2　**“一 A 一 B”共现中时间与空间的频率分布**

一 A 一 B	频率	比率
时/空	26546	47.76%
复现结构	26901	48.40%
全部共现	55581	100%

我们发现，时间类和空间类复现结构在“一 A 一 B”四字格中所占的比率很大。共发现四字格“一 A 一 B”复现结构用例频率为 26901 例，而时间类和空间类“一 A 一 B”在所有四字格“一 A 一 B”复现结构中所占比例高达 98%。这样的频率分布提示，时间和空间与“一-一”框架之间的关系已经具有相当的规约度。

当然，就本研究的目的而言，我们需要了解时间与空间之间的频率分布关系，为此，我们又继续统计四字格“一 A 一 B”中时间与空间的分布情况，如图 6.1 所示：

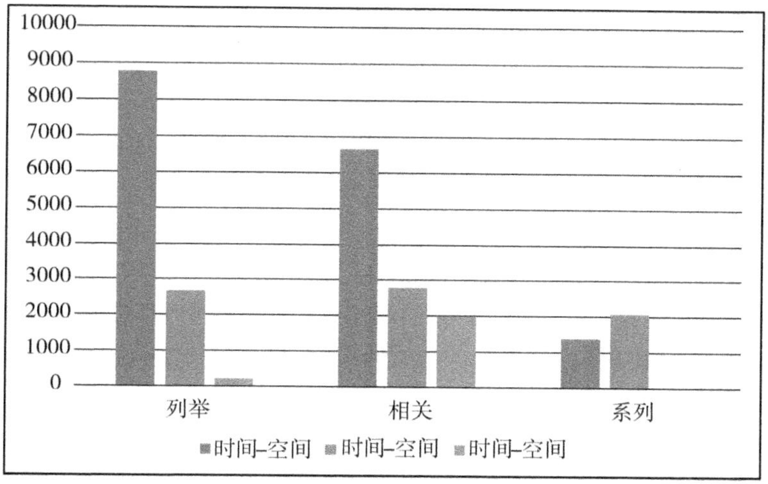

图 6.1 “一 A 一 B”的系列、相关和列举用例频率分布

我们发现，“一 A 一 B”的频率在本研究关注的复现结构中相对较高。在此复现结构中，相关类和列举类表现出类似的使用趋势：空间-空间>时间-时间>时间-空间，而在系列类中时间类用例则表现出优势，逆转的原因在于，系列化本身具有时间性。具体来看，在此类中“A-B”基本为过程性表达。

另外发现，“A-B”分别为时间或空间的用例在三种类型中均处于劣势，甚至在系列类中并未发现任何用例。这种情况说明，在复现结构中时间与空间之间的依存程度弱于不同类型时间或空间内部的依存程度。当然，这里并非否定时空隐喻可能对此分布存在支撑作用，例如在“一事一议”中“事”视为空间性，因为我们可以说“一件事一次商议”，而不说“＊一次事一件商议”，其中“件”具有明显的空间性。但是，需要承认的是，“一-一”是超越时间和空间范畴的量范畴。

相比于相关或列举，系列的最大区别性特征是代表性，也就是用有限的项目代表无限的项目，这个过程的本质体现处理时间。如图 6.1 所示，不同于相关类和列举类，此类中时间类比空间类的用例更具有优势。既然时间类主要涉及过程，这说明“一-一”在系列化过程中更具有时间性倾向，这提示系列化的处理时间本身与过程更具有共现趋势和依存趋势。系列类另外一个特点是不存在时间与空间组配的用例，也就是说，我们更倾向于把“一年一个”解读为一个相关关系，而难以将二者解读为代表性的系列化过程。这样的结果一方面提示系列化本身具有同质性要求，而另外一方面提示，尽管我们可以用空间隐喻表达时间，但这并不意味着空间和时间是完全相同的，二者仍然具有不同属性。为了解决时间与空间之间的类比与非类比，则有必要将时间区分为内容时间与处理时间（Langacker 2012）。时间与空间的类比更多发生于内容时间层面，而非处理时间层面。

时间与空间的互动为本研究关注的核心，为此我们需要着重关注“一 A 一 B”中“A-B”分别为时间和空间的使用。在标注此类时，我们采取扩大的方式，即一个事件表述为实体，也记作空间实体，例如“一事一议”中“一事”用一个实体表述一个复杂的事件过程。并且，如果一个过程由一个实体指代，则视为一个过程，例如：

（14）我那时一听，真想冲出去一掌一个，将这对无耻狗男女当场击毙。

在（14）中“一掌”并非指身体的一部分，而是身体一部分的动作。从语料中的实例来看，最为典型的相关是“一年一个”。另外一个不是很典型的使用是“一字一顿”，其中，“字”虽然为表达，但却是典型的空间书写单位，故而视为空间实体。以这种方式得到的时空相关和时空列举的实例也不是很多，如图 6.2 和图 6.3 所示：

结果显示，时空相关的类型比时空列举的类型多，这提示时空相关比时空列举更具有使用优势。具体来说，时空相关的实例有 527 种，而时空列举则只有 17 种。

简言之，“一 A 一 B”既体现时间与空间的类比或相关，也体

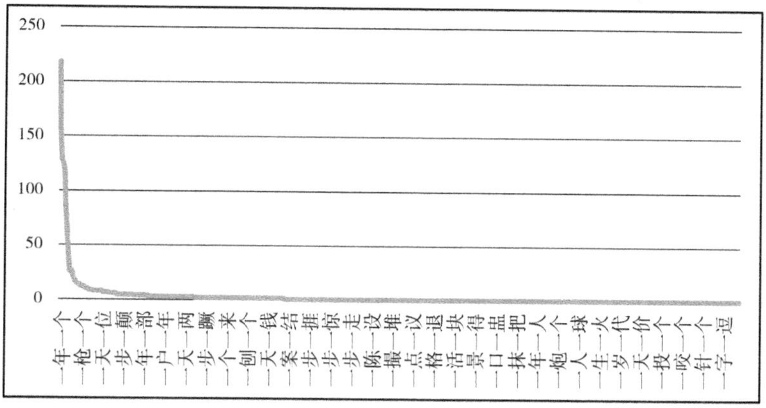

图 6.2　时空相关实例频率分布

图 6.3　时空列举实例频率分布

现二者之间的相互组构。

6.2 “或 A 或 B”中的时间与空间

“或-或”对于时间和空间而言也具有中性，作为框架的“或-或”也具有强大的组构能力，能组构各种认知域，如表 6.3 所示：

表 6.3 “或-或”组构能力示例

认知域	实例	认知域	实例
变化	或隐或现	触觉	或酸或麻
时间关系	或早或晚	颜色域	或青或紫
实物	或裤或裙	温度域	或冷或热
实物形状	或直或曲	味觉	或香或臭
实物材质	或铁或木	力	或轻或重
空间关系	或前或后	价值	或优或劣
量级	或多或少	社会关系	或亲或友
情绪	或憎或爱	结果	或胜或负

其中变化类和时间关系类隶属于时间域，而实物类、形状类、材质类、空间关系类则隶属于空间域，其可解读出有的、有时、选择等语义。

6.2.1 “或 A 或 B”与时空互动

在“或 A 或 B”的使用中“或-或”解读出的“有的-有的”面向空间实体，而解读出的“有时-有时”面向事件，例如：

(15) a. 他或站或蹲，一腔一腔的秽物源源不绝地从他口中喷出。

b. 在梅先生的居所里，师徒两人或喜或悲，促膝长谈至深夜。

(16) a. 他们或坐或站，有的趴在塑料布上，还有一位妇女坐在轮椅上。

b. 所有的年轻人全停下脚步，或坐或立的看天空中的异象。

在(15)中“或-或”解读为“有时-有时”，而在(16)中则解读为“有的-有的”。在两种情形下，“或-或”均以系列化或代表性的方式组构过程。从时间角度看，(15)和(16)中所有实例均涉及观察者或说话人角度的即时情景，表达说话人角度的现在。

“或-或”也可用作表述过去事件，如：

(17) a. 在这个事件株连中，很多人或死或残，我们能幸存下来已很不错。

b. 匈奴与中原王朝或战或和了三四百年。

“或-或”在(17a)中表达“有的-有的”，在(17b)中表达“有时-有时”，尽管这种不同的时间和空间指向，二者均描述过去。

“或-或”也可用作描述未来，例如：

(18) 职工或走或留应在成交过程中达成协议。

(19) 一个科学理论的局限性会或迟或早地表露出来。

(20) 保健品很可能造成老年人对或药或酒的成瘾物质依赖。

“或-或”在(18)中解读为“无论-无论”，在(19)和(20)中解读为“可能-可能”。“或-或”以这样的解读表达选择。

“或-或”的泛化表现难以用时间的空间隐喻作为解释。首先，从词源上看，“或”虽然具有“以戈卫国”之义，但当用作“有的”、“有时”或“可能”之义时则是一种假借(赵长才 2013)。这样，从词源上则不能确定“或”起源于空间还是时间，而能参照的则是，姚尧(2012)指出，“或”较早表达的是“有的”之义，这提示“或”的空间面向起源。但核心问题是，姚尧(2012)还指出，“或”的“有时”、“有的”或“选择”之义长期处于混用状态。这种混用状态也体现在复现结构中，例如：

(21) 那个三十九岁的文学讲习班女生一言不发地加入他们或深或浅的讨论。

在(21)中“或-或”有两种解读，即“有时深有时浅的讨论”或“他们有的深有的浅的讨论”还可是“他们无论深无论浅的讨论”，也可是“可能深也可能浅的讨论”。这种面向时间和空间的歧义提示，“或-或”的不同用例之间并非是通过空间认知域来理解时间认知域，而是在此体现为经验性的相关或推断。

但这并不意味着“或 A 或 B”这个短语本身的表达无需借助于隐喻。更确切地说，隐喻存在于“A-B”层面上。请考虑下面的例子：

(22) a. 每名男弟子手中都提着一只木盒，或长或短。

b. 许多诸侯国都筑有或长或短的长城。

c. 电报使用的物质材料是或长或短的电波信号。

在(22a)和(22b)中，“或-或”解读为“有的-有的”，以此表达同类事物在不同空间位置中的属性。既然“木盒”和“长城”均是物理实物，两句中的“长-短”只是一种类比。但即使这样的类比也存在认知域的限制，毕竟从物理测量角度看，再短的长城也可能比长的木盒长。因此，这是一种基于即时情景的主观判断。这种主观判断有助于提升其通过隐喻扩展使用的可能性，如(22c)所示，从日常经验角度看，“电波信号”不能通过肉眼观测，对于电波的理解是非间接的。虽然电波本身是物理现象，但是普通人只能借助于有“波”的流体才能理解其意义，从这个意义上说，在此使用中存在用经验的、具体的物理实体理解非经验的物理实体，即通过水的空间构形理解电波的空间构形。这种隐喻类比也适用于言语，如：

(23)委员们的发言或长或短。

(24)我们每读一篇或长或短的文章，总会觉得有所受益。

在(23)中，“发言”事件本身没有空间性，“长-短”表述的是“发言”的持续性，而在(24)中，“文章”空间的长短与持续创作的时间具有一定的相关性，在此，“长-短”可直接凸显其空间性。这样，(23)体现“持续是长度”的隐喻，而(24)体现信息上的选择性凸显。

这种时空隐喻是“或长或短”的主要用法，请考虑下例：

(25)技能减弱的原因首先是练习或长或短的中断。　　(持续)

(26)危机的形成，往往有一个或长或短的过程。　　(常规)

(27)在未来或长或短的日子，让我常常听到小妹妹的悦耳喊声。(未来)

(28)我还认为，爱情只要发生了，或长或短，都属于成功的。(假设)

“长-短”在(25)中指向行为的持续时间，在(26)中指向过程的时间，在(27)中指向未来的时间，在(28)中指向假设的时间。在这些实例中，“或-或”存在“有时-有时”“有的-有的”“可能-可能”“无论-无论”的歧义。显然，在这里“或-或”是一种高度图式化的存在，甚至无须解读出特定的语义。

除了时间域与空间域的组构外，“或-或”还存在其他的组构使用，例如：

(29)似乎公司的每一个人，或多或少都有个头衔。（有的）

(30)有些方便类食品还或多或少含有对人体不利的食品色素等。（有的）

(31)随后神父来到，人数或多或少，要看那家的排场而定。（可能）

(32)大家或多或少地承认，我们向美国购买商品应当严加限制。（可能）

从(29)到(32)，“或-或”分别解读为“有的”、“有的”、“可能”、“可能”，而“多-少”则表达实体数量和过程程度。

在“或多或少”中“或-或”也可表达“有时-有时”之义：

(33)我漏过了一个抒情段落，我一直在或多或少/有时多有时少跳着读。

(34)这些春天的彩禽，随我们的车上山下谷而或多或少/有时多有时少。

在(33)中“跳着读”的“段落”的“多少”随着时间而变化；在(34)中“彩禽”的数量随着行程发生变化。这样，时间组构量级的变化。考虑到数量在复现结构中可组构时间，例如“一天一夜”，那么就存在数量与时间之间的双向组构。这种双向组构类似于时间与空间之间的双向组构。

我们在此所得出的双向组构均是在语言层面的，至于是否也体现在深层的认知层面，这不是本研究的考察范围。而需要格外注意的是，“或-或”是一种比时间和空间均更为抽象的框架，隐喻发生在“A-B”上，而非“或-或”上，例如：

(35)a. 或宽或窄的年轮

b. 或疏或密的往来

在(35a)中“年轮”的“宽-窄”可转化为时间的长短，而在(35b)中“往来”的“疏-密”可转化为时间频率的高低。

另外需要说明的是，“或-或”在组构时间域和空间域时存在歧义解读：

(36) a. 月经先后无定期，是指月经不按周期来潮，或先或后/有时先有时后/有的先有的后，先后无定。

b. 或迟或早/有的早有的迟/可能早可能迟，我们全明白，生活中根本不存在什么车站，也没有什么可以到达的地方。

c. 王志或早或晚/有时早有时晚/可能早可能晚，总是忙里偷闲自己驾车到施工现场转转。

在(36a)中“或-或”既可解读为“有的-有的”也可解读为“有时-有时”，并不影响整句语义。“有的-有的”用作指代前文的“周期”。之所以可指代，是因为“周期”本身已经空间化为实体。然而，“周期”毕竟是时间，因此自然可用“有时-有时”来回指。在(36b)中则存在“有的-有的”或“可能-可能”的解读。在此，“有的-有的”将“我们”分解为个体，是说“我们中有的人早有的人晚懂得某个道理”，而“可能-可能”将“我们”视为整体，就是说“我们作为整体理解某个道理的时间可能早也可能晚”。在(36c)中“或-或”可解读为“有时-有时”或“可能-可能”。在此，“或-或”当作“有时-有时”解读时，整句表达在某个任意时期内，“王志”的考察行为发生在任意时间点上。而当“或-或”解读为“可能-可能”时，则强调从观察者角度看“王志”的行为存在不确定性。

而对于某些表达而言，“有的-有的”和“有时-有时”的解读是经验中的必然内容，例如：

(37) 让几十名患有脑瘫的幼儿在一个房间里活动，或走或爬，并在他们出汗后向他们泼冷水。

(38) 四对蝴蝶翩翩飞舞，忽浮忽沉，或旋或冲。

(39) 有 10 多辆汽车正在各自的线路上或停或走。

在(37)中“或走或爬”的参与者是复数的“幼儿”。既存在在某个时间段内某一个婴儿“时走时爬”，也存在在某个时间点上多个“幼儿”分别进行“走”或“爬”的动作；在(38)中四对蝴蝶步调一致则解读为“有时-有时”而步调不一致则解读为“有的-有的”；在(39)中，如果分别关注某个车则解读为“有时停有时走”，而当关注所有车辆在某个点的运行状态则解读为“有的-有的”。这些双重解读在这些经验事件中均是存在的过程，不同的解读只是表述方式的不同。

“有的-有的”和“有时-有时”在经验上的相关实际上也体现“或-或”在描述静态实体和动态过程上，例如：

(40)所有的年轻人全停下脚步，或坐或立地看天空中的异象。

(41)身着式样各异的民族传统服装的艺术家们或歌或舞。

在(40)中，“或-或”组构“坐-立”的静态动作，而在(41)中则组构“歌-舞”的两种动态动作。这种对静态的适用甚至可扩展至对静态实物的描述上：

(42)一条小径伸向林间，纯粹是泥路，或宽或狭/时宽时狭。

(43)有的水池形如回廊曲折幽转，根据地势，或高或低/时高时低。

在(42)中“或-或”引导读者对“小径”的形状进行观察，而在(43)中“或-或”则导引我们对“水池”空间分布格局进行观察。在此，可将“或-或”替换为“时-时”，这提示，“或-或”本身也提示空间实体的动态处理。

“或-或”提示的处理过程与空间形状结合会形成虚拟变化的解读，例如：

(44)我看出了大槐树枝股不是随便地或粗或细，弯来拐去，而是都有感情的。

“弯来拐去”提示“粗-细”被视为“枝股”的变化，这类似于在火车上通过参照运动的火车将自己乘坐的火车视为运动。也就是前景和背景的切换。

总的来看，在“或A或B”中，“或-或”对时间域和空间域具有中性，体现时间与空间之间的相互组构，其组构过程虽然存在时空隐喻的支撑，但是其主要体现为一般意义上的处理过程。

6.2.2 “或A或B”中时间与空间的频率互动

“或A或B”中“或-或”存在有时、有的、选择三种用法，而“A-B”也可体现为时间或空间，结果形成空间与时间的依存性和组构性组配，如图 6. 4：

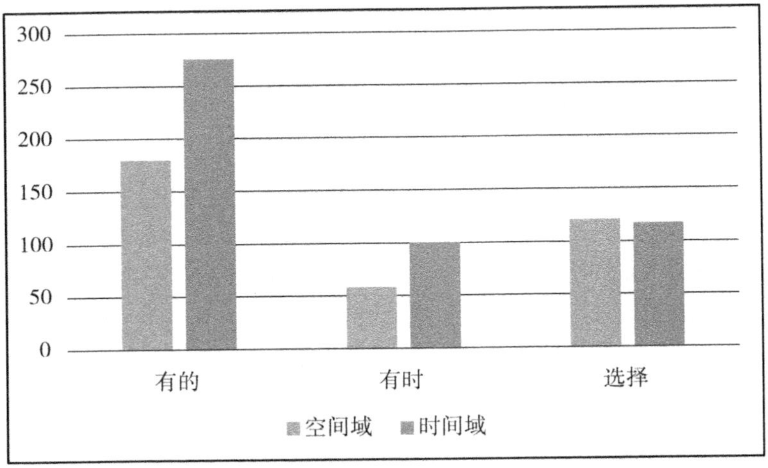

图 6. 4 “或 A 或 B”中时空互动的频率分布概览

在“有的-有的”和“有时-有时”框架下时间域表现出优势，而在“选择”框架下二者基本持平。在此重要的是空间与时间的交错匹配。既然“有的-有的”指向空间实体系列，“有时-有时”指向时间过程系列，其与时间或空间的交错实例表明，空间对时间的组构与时间对空间的组构在“或 A 或 B”中并存。

具体来看，空间域可分解为实体和空间关系，而时间域可分解为行为和时间关系，如图 6. 5 所示：

结果显示，行为在“有的-有的”和“有时-有时”框架下均表现出较大优势。行为在“有时-有时”框架下的优势提示时间系列与过程具有较强依存共现优势。

时空互动主要体现为两种：“有的-有的”解读中的行为类和时间关系类实例；“有时-有时”解读中的实物类和空间关系类实例。“有的-有的”中时空互动的详细用例频率如图 6. 6 和图 6. 7 所示。从类型上看，行为类具有 121 种，而时间关系类则只有 7 种。这样的分布提示，“有的-有的”对行为的组构能力较强，而对时间关系类的组构能力则较弱。

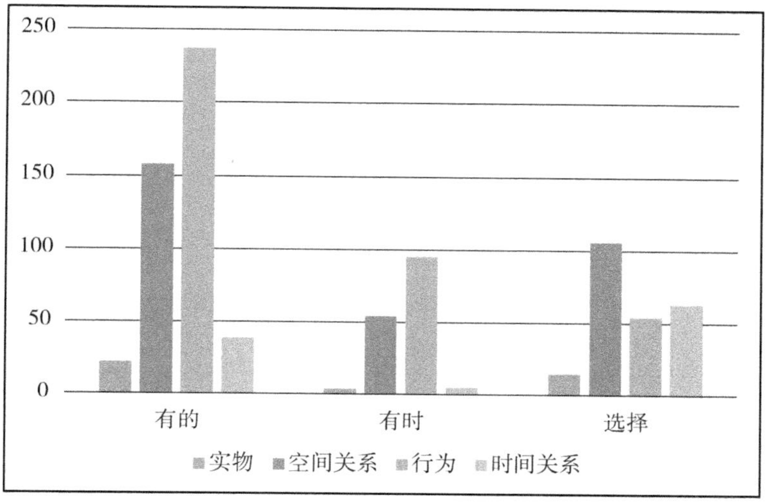

图 6.5 “或 A 或 B”中时空互动的频率分布细览

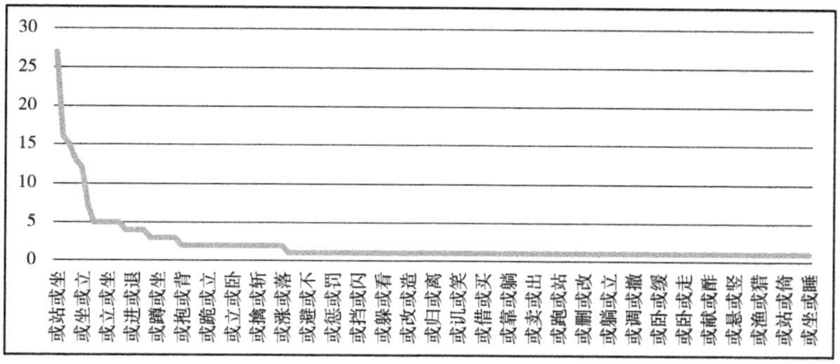

图 6.6 “有的-有的”解读中的行为类实例分布

“有时-有时”中时空互动频率表现如图 6.8 和图 6.9 所示。

结果显示，当“或-或”解读为“有时-有时”时，实物类仅有三种，且频率均为 1，而行为关系类实例则为 17 种，且频率呈现曲线分布。这表明，“有时-有时”对实物的组构能力很弱，而对空间关系的组构能力则相对较强。

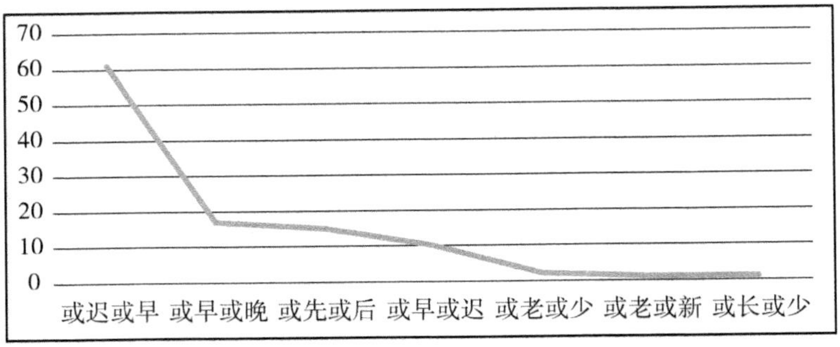

图 6.7 “有的-有的”解读中的时间关系类实例分布

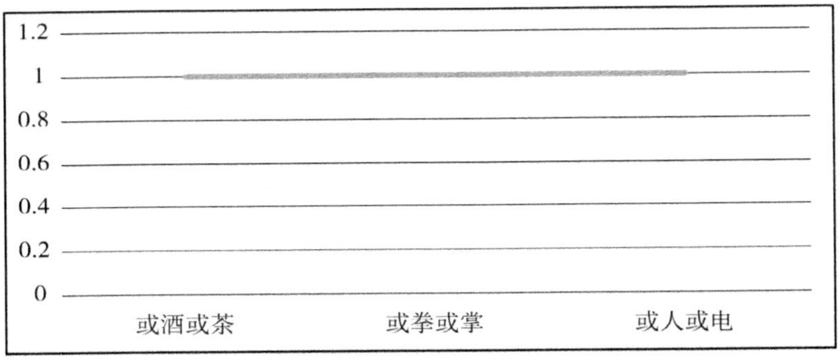

图 6.8 “有时-有时”解读中实物类用例

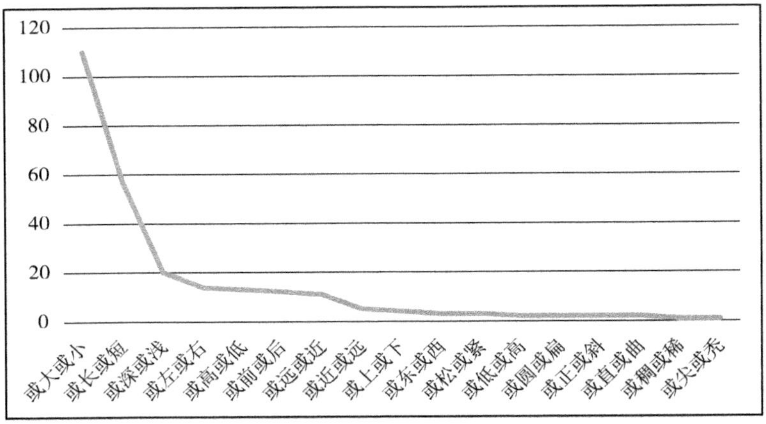

图 6.9 “有时-有时”解读中空间关系类用例

总之，在“或A或B”中时间与空间交错，时空隐喻体现在基底层面，而不体现在“或-或”对“A-B”的组够层面，在这个层面体现时间与空间相互组构。

6.3 “有A有B”中的时间与空间

“有A有B”中“有-有”也存在三种语义：有的、有时和同时，例如：

(45)世界上的博物馆，规模有大有小。

(46)一年四季温度有高有低。

(47)每个方案都是有利有弊的。

在(45)中，“有大有小”可解读为“有的大有的小”，表达实体系列；在(46)中，“有高有低”则可以解读为“有时高有时低”，表达时间系列；在(47)中“有利有弊”则解读为“既有利也有弊”，表达同时存在。

6.3.1 “有A有B”与时空互动

以有的、有时和同时的基本语义为基础，“有-有”能对各种不同认知域进行组构，其组构能力与“或-或”存在重叠，如表6.4所示：

表6.4 “有-有”与“或-或”组构能力对比

认知域	或A或B	有A有B	认知域	或A或B	有A有B
时间关系	或早或晚	有始有终	触觉	或酸或麻	有苦有甜
空间关系	或前或后	有前有后	颜色域	或青或紫	有红有白
实物	或裤或裙	有血有肉	温度域	或冷或热	有冷有热
实物形状	或直或曲	有形有体	味觉	或香或臭	有滋有味
实物材质	或铁或木	有煤有铁	力	或轻或重	有轻有重
过程	或隐或现	有保有压	价值	或优或劣	有好有坏

续表

认知域	或 A 或 B	有 A 有 B	认知域	或 A 或 B	有 A 有 B
量级	或多或少	有多有少	社会关系	或亲或友	有职有权
情绪	或憎或爱	有喜有忧	结果	或胜或负	有输有赢
人	或男或女	有男有女			

“有-有”如“或-或”一样能组构各种认知域，二者在组构认知域上没有明显差别，在语义取向上也存在共同之处，并且展现出一致性的前置偏好，例如：

(48) 浮出海面的冰山或大或小/有大有小，都有深邃、凝重而大度的意蕴。

(49) 斯德哥尔摩约有六七十家博物馆，这些博物馆或大或小/有大有小。

在(48)和(49)中，“或-或”与“有-有”对“大-小”的组构均适用，原因在于，“大-小”之类的空间形状对于时间系列和同时具有中性，在此情景中，内容为表达的焦点，而内容的组构方式则是可选择的。

另外，“或-或”和“有-有”均能组构状态和过程，例如：

(50) a. 砰嘭之声不绝，顷刻之间，众桅杆或倒或斜/有倒有斜，无一得免。

b. 从 10 年来的总体水平看，人民币汇率有升有降/或升或降。

c. 对一些零星税种也要或并或撤/有并有撤，并适当调整税率，下放权限。

(50)中“A-B”为状态或过程，无论是“有-有”替代“或-或”，还是“或-或”替代“有-有”，均不会实质性地影响句义表达或句子的可接受程度。

“有-有”与“或-或”的共同之处也体现在对抽象时间的隐喻描述上，例如：

(51) 自然风时强时弱，持续时间或长或短/有长有短，其变化是没有规律的。

在(51)中“长-短”用作描述时间，其可由“或-或”组构，也可由“有-有”组构，均可表达“有时-有时”之义。

然而，“或-或”和“有-有”在组构实体上存在差别，例如：

(52)他本名叫于吉春，人人称他春爷，春爷有钱有势/＊或钱或势。

(53)高翔家里有爹有娘/＊或爹或娘，一个和秋分年岁相同的媳妇和一个小女孩。

在(52)和(53)中，“有-有”表达所有之义，这种使用并不出现在“或-或”上，不能为“或-或”所替代。

不仅如此，二者在时间面向上也存在差别，例如：

(54)收麦子的时候，时常有一只只或大或小/？有大有小的兔子从眼前掠过。

在描述即时情景时存在兔子和大小两个集合的对应问题。“或-或”提示的策略是以系列的方式一个兔子对应一个属性，而“有-有”以总括的方式要求同时存在，这种区别尤其体现在二者与“每”的差别性共现上，例如：

(55)a. 每个积石冢或方或圆/＊有方有圆，或方圆结合，各有创新。

b. 本书的每一个读者，都有着或大或小/＊有大有小的“野心”。

c. 一首写得合格的诗不能不是一个或大或小/＊有大有小的象征。

d. 中国，几乎在每个单位内部，都有或大或小/＊有大有小的“小金库”。

在(55)中当前文通过“每个”“每一个”“一首”“每个单位”来预设任一实体时，只能使用“或-或”，而不能使用“有-有”，这是因为“或-或”倾向于提示单一实体的可能特征，而“有-有”则倾向于提示多数实体的多数特征。这也体现在“或-或”对实体的列举上，例如：

(56)倘若牛或马或/狮子/＊有牛有马有狮子长着手，能描画，能像人一样制作雕象，那么马会把它们的神画得像马，牛会把他们的神画得像牛。

“或-或”表达任选，而“有-有”则列举同时存在，更多的证据如下：

(57) a. 1994 年上海的房地产市场，可以说是有喜有忧/？或喜或忧、喜大于忧。

b. 无论单基因病或多基因病，在发病过程中实际上都涉及很多基因的作用，只是被涉及基因的作用有主有次，有前有后/？或前或后。

这种差异能解释二者在未来语境中的区别性使用，例如：

(58) 按行业的规矩，拿了人的钱，或大或小/ * 有大有小都要见报的。

这种面向未来的使用也体现在二者与“会”或“要”共现的差别上，例如：

(59) 法律的正式制定，中间会有或大或小/ * 有大有小的许多变化。

(60) 稳定晶状体的悬韧带因缺乏弹性而脱位，动脉扩张甚至破裂或迟或早/ * 有迟有早要发生。

“有-有”在(59)中不能与“会”共现，而在(60)中不能与“要”共现。

另外，“有-有”具有回指倾向，而“或-或”则是一般意义上的列举，例如：

(61) 她常常探出头来或前或后/ * 有前有后地张望，看走在前边的车队。

(62) 参加 400 米跑的运动员认为不公平，因为起跑线有前有后/ * 或前或后。

“前-后”在(61)中提示系列动作，难以用“有-有”组构，而当提示同时存在的不同实体，如(62)所示，只能由“有-有”组构。原因在于，在(61)中“她”作为单数不能与“有-有”预设的复数搭配，而在(62)中“起跑线”是一个类，容纳复数实体，故而可与“有-有”搭配。

这种倾向带来另外一个影响，即“有-有”具有一定的具身性：

(63)这是个真正有鼻有眼/＊或鼻或眼的小孩。

(64)怕只怕，有了公会，像您这有头有脸/＊或头或脸的人还是不许别人作事。

人的身体部位更倾向于为“有-有”所列举，这些不同的身体部位与同时适配。这均提示，在此情景下“有-有”还预设主体身体的存在。

以同时/并存以及具身性为基础，“有-有”可超越隐喻，例如：

(65)婚姻生活总是有苦有乐/有时苦有时乐/既有苦也有乐。

(66)每一个人的经历都是平凡而多彩的，如诗如歌，有情有味/既有情也有味/＊有时情有时味，都有一些难忘的故事。

(67)你以为有权有位/既有权也有位/＊有时权有时位的人向谄媚者低头，尽忠守职的臣僚就不敢说话了吗？

在(65)中“有-有”表达“婚姻生活”中的“苦-乐”经历，这个经历可以有“有时-有时”的时间系列和“既-也”的同时列举两种解读；在(66)中“情-味”则不能解读为时间系列，只能解读为同时列举；在(67)中“有-有”组构社会抽象实体“权-位”，其也只能解读为同时并存，而非时间系列。这些实例的共同特征是“有-有”均组构与人自身经验相关的内容，并且主体也为人，而不同之处在于对时间系列的选择性适用。其原因在于，“苦-乐”可被选择性地视为实体或过程，而“情-味”或“权-位”只能被视为实体。这提示，虽然“有-有”超越隐喻，但“过程是实体”“抽象概念是实体”的隐喻在对这些概念的组构中发挥平台支撑作用。

简言之，“有-有”具有广泛组构能力，本身是一般性范畴，既能解读为空间也能解读为时间，能对内容性时间或空间发挥组构作用。“有-有”虽然作为一般性范畴超越时间和空间，但隐喻对其组构作用的发挥起到支撑作用。

6.3.2 “有A有B”中时间与空间的频率互动

在“有A有B”中“有-有”表达三个基本语义：有的、有时和同时，这种语义的切换也可体现时间与空间的组构，其频率表现如图6.10所示。

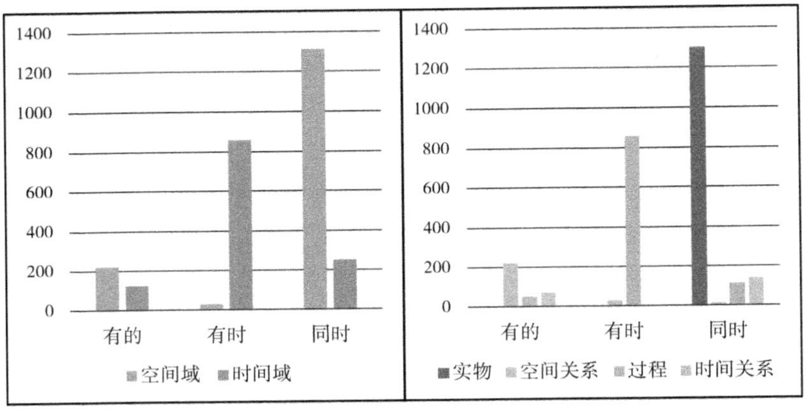

图6.10 “有A有B”中时空互动频率

结果显示，当“有-有”表达“有的-有的”时，“A-B”在表达空间域上存在优势，而当表达“有时-有时”时，“A-B”在表达时间域上存在优势，当表达“同时”时，“A-B”在表达空间域上存在优势。细查图6.10中的右图则发现，当“有-有”表达时间系列时，“A-B”的优势使用为过程，而当表达同时时则“A-B”的优势使用为实物，这种提示，系列和同时并存具有不同的空间依存倾向。

对“A-B”中时间域与空间域的进一步分解发现，在“有的-有的”框架中空间关系具有优势，而在“有时-有时”框架中过程存在优势。值得注意的是，在同时类中实物具有相当大的频率优势。而相对应地，如图6.4所示，在“或A或B”中“A-B”的最高使用频率为过程，这提示，“有-有”与“或-或”的差别使用倾向分别是，前者强调同时并存，而后者强调时间系列。

在这些分布中，直接体现时间与空间互动的是，“有-有”提示“有的-有的”，“A-B”体现为行为和时间关系，而“有-有”提示“有时-有时”，“A-B”体现为实物和空间关系。“有的-有的”中时空互动具体频率表现如图6.11：

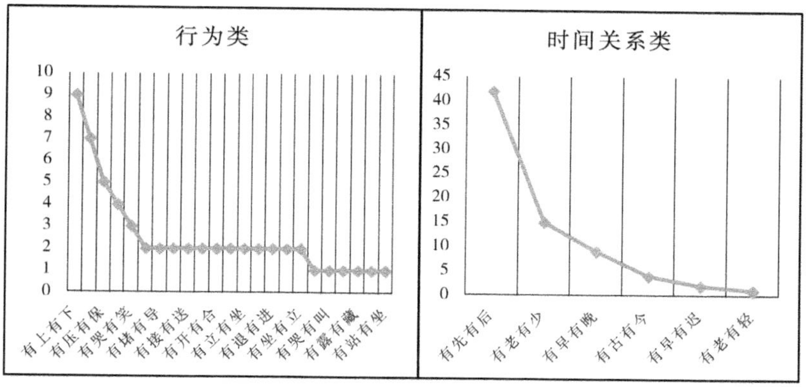

图 6.11 “有的-有的”解读中的时空互动实例

在“有的-有的”中，行为类和时间关系类使用频率均不高，就使用类型而言，行为类具有 29 种，而时间关系类则仅有 6 种。

在“有时-有时”中“A-B”只体现为空间关系而非实体，如图 6.12 所示。

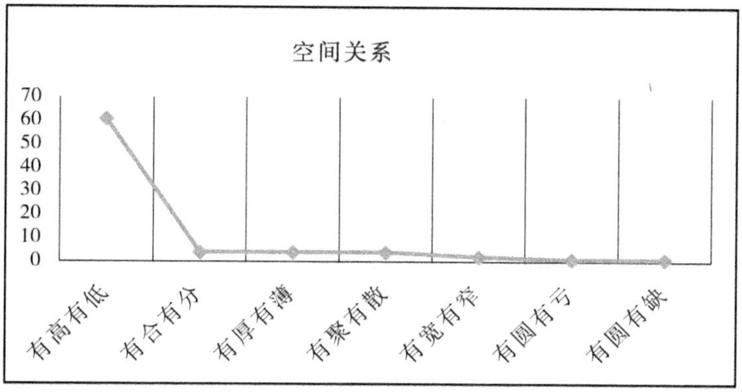

图 6.12 “有时-有时”解读中的使用互动实例

通过图 6.11 与图 6.12 的对比发现，无论是时间组构空间还是空间组构时间的实例，尤其在频率很低的情况下，均存在频率集中于某个典型实例的倾向。

总之，“有A有B”能组构时间和空间，体现时间与空间的相互组构。

6.4 “没A没B”和“不A不B”中的时间与空间

在复现结构中不仅存在肯定框架，还存在否定框架。在汉语中“没A没B”“不A不B”是较为典型的否定复现结构。从时空角度看，二者在组构时间和空间上存在不同的倾向。

6.4.1 “没A没B”和“不A不B”在时空互动上的对比

首先，“不A不B”在空间上指向一个处于“A-B”之间的点，例如：

(68)不大不小/＊没大没小的雨点儿，不轻不慢地敲打在小张庄农舍的屋脊上。

(69)德·盖尔芒特夫人头抬得不高不低/？没高没低。

(70)十几只鸦、鹊与老虎们靠得不远不近/＊没远没近。

(71)一口米酒卡在喉咙忽然变得不上不下/＊没上没下。

(72)她看见中间的那个人，长得不胖不瘦/＊没胖没瘦。

(73)白衬衫束在军裤里，头发剪得不长不短/＊没长没短。

(74)这决口开得不东不西/＊没东没西，正冲锁井大街。

从(68)到(74)，“不A不B”中“A-B”均表达同一空间维度上的两个对立维度值位，而否定后的语义均指向中间值。这些使用均不能与“没A没B”通用。实际上，“没A没B”强调跨域的对比差异，例如：

(75)那迷谷就像大海一样，没边没沿/＊不边不沿，怎么也找不到原来的道儿。

(76)内墙砖，大多是裂纹纵横，没棱没角/＊不棱不角，翘曲呈蠕虫状。

(77)这些机动三轮车大部分是用圆钢焊架，油布盖顶，没门没窗/？不门不窗。

(78)平地上起一幢花园别墅，没山没水/＊不山不水，服务设施都没有。

(79)在没星没月/＊不星不月的三十晚上唱这首歌，我们感到一种神秘的欢乐。

(80)这个大纸包里不仅仅是条没头没尾/＊不头不尾的大鲑鱼，而更多的是我一辈子丢不掉的无尽苦恼。

在(75)中"没边没沿"预设存在边界的实体与不具有边界的实体之间的对比；在(76)中"没棱没角"预设正常的砖墙与不合格砖墙的对比；在(77)中"没门没窗"预设当前三轮车车体与普通机动车车体的对比；在(78)中"没山没水"提示新建别墅群与期待中的别墅群之间的差别；在(79)中"没星没月"提示不同夜晚的对比；在(80)中"没头没尾"提示正常鱼与非正常鱼之间的对比。这种对比对时间与空间均适用。这提示，"没A没B"是将预设认知域与现实条件域进行对比，语义指向二者之间的不同，其中的"A-B"指向实体，而非维度值位。这种预设与现实的对立更明显地体现在下例：

(81)这一个大房间，躺满了肚子高高，没腰没身/＊不腰不身的女人们。

对于一个人来说，不可能没有"腰-身"，但却可以没有某种理想的身材。因此，这里"没-没"否定的不是"腰-身"的本身，而是理想的身材。

"没-没"和"不-不"在空间否定上的差异也会延伸至其他域中，例如：

(82)a. 几个小鬼头平日被我惯坏了，嘴里没上没下混说起来。

b. 尤其是凡事作得不上不下，没有底力。

(83)a. 他怕她没深没浅，再得罪门外的老总们。

b. 气质恐怕还是一门不深不浅的学问。

在(82)和(83)中"没-没"与"不-不"已经指向了其他认知域。其中，"上-下"在(82a)中涉及社会等级，即"社会等级是方位"的隐喻，而在(82b)中则涉及"过程完成程度是方位"；"深-浅"在(83a)中涉及"行为程度是深度"，而在(83b)中涉及"学问能力是深度”。明显，所有这些“不-不”与“没-没”共享的表达，虽然在语义上有差别，但均指向行为。

在组构行为上，“没-没”和“不-不”虽然存在相互叠合的使用，但“没-没”预设过去，而“不-不”面向即刻，例如：

(84)赵老有理讲倒人，我没偏没向/？不偏不向！

(85)男人女人都进来看看，不偏不向/？没偏没向摆正自己的位置。

在(84)中“没偏没向”是指“我”对自己过去陈述的评价，体现“主体态度的变化是身体面向的调节”；在(85)中“不偏不向”指向即刻的空间方位，再以空间投射指向态度，即“态度公正是处于空间中心”。

当然，尽管预设上的差别，二者依然存在互通的使用，例如：

(86)那战士不退不进/没退没进，以头迎棍，只听“咔嚓”一声，木棒断为两截。

“退-进”表达空间方位的变化调整，既存在空间方位又存在过程，这样的表达使得其均可由面向过程的“没-没”和面向方位的“不-不”来否定。

“没-没”与“不-不”的互通还体现在二者均可组构过程的起始，例如：

(87)a. 那雨点象石子儿一样，不休不止/没休没止地撒在屋瓦上。

b. 房东在院子里没休没止/不休不止地指桑骂槐。

c. 我曾经在雪地里不休不止/没休没止地画，手冻僵失去了知觉。

在(87)中由于“休”和“止”为同义，这样对二者的否定并不存在确定中间点的问题，故而，“不-不”与“没-没”在此表现不出明显差别。

但在描述时间的流动性上，二者存在差异，例如：

(88)自从唐朝末年以来，换了五个朝代，没完没了/＊不完不了地打仗。

这种差别的原因在于“完”或“了”预设自然过程，这与“没-没”

适配，而与“不-不”不适配，例如：

(89) a_1. 说不完　　a_2. 办不了

b_1. ＊说没完　　b_2. ＊办没了

c_1. 没办完　　c_2. 没办了

d_1. 咱俩的事没/＊不完。　　d_2. 咱俩的事没/＊不了。

(89)表明，“不完”或“不了”必须依附某个过程，而“没完”和“没了”中“没”本身就提示变化过程，这种倾向为“没-没”所承继，如：

(90) a_1. 我工作没早没晚/＊不早不晚的，顾不上家，你再去敬老院……

a_2. 做大饼只有个早市，做勤杂工却是没早没晚/＊不早不晚的。

b_1. 高田从青龙山上下来时，不早不晚/＊没早没晚撞在了自卫团的枪口上。

b_2. 大昌二楼静悄悄的，下午四点半，不早不晚/？没早没晚，没有什么人。

“不-不”和“没-没”对“早-晚”的组构表达不同的结构义。“没早没晚”在(90 a_1~a_2)中指向早上和晚上两个时间点，在($90_{b_1\sim b_2}$)中指向以“跳起”为中心参照点的两种时间关系。“不-不”与“没-没”的不能相互替代提示，“没-没”指向跨域对比，而“不-不”指向同一域对比，更多的证据如下：

(91) 幸好我的坐骑不迟不早/＊没迟没早，刚在这时候跳起。

(92) 你厂里的工潮不迟不早/＊没迟没早在此刻发生，总得赶快解决才好！

在(91)和(92)中语境需要同一域的时间点，而非跨域的对比。

“不-不”与“没-没”的不同使用倾向还体现在对行为过程的预设上，例如：

(93) 张爱玲：于千万人之中遇见你所遇见的人，没有早一步，也没有晚一步/？不早一步，也不晚一步。

在此，“早-晚”实际上预设行为过程。之所以难以为“不-不”所替代，原因在于在此语境下“早一步”和“晚一步”预设两个行为。

这种预设的行为过程直接带来对时间点并置的不同解读，例如：

(94) a. 不年不节/？没年没节的，大哥怎么会从千里之外的山西太原赶回家来？

b. 他们没年没节/＊不年不节，任劳任怨，很辛苦，也很不容易。

在(94a)中“不-不”指向时间点，不能用“没-没”替代，而在(94b)中“没-没”指向时间经历，而非指向时间点，故而，不能用“不-不”替代①。这种差别还体现在“日-夜”的组构上，例如：

(95) 老于性子急躁，干起活来没日没夜/＊不日不夜。

“日-夜”以反复的形式概括了所有的时间点，这使得“日-夜”并非是固定的时间点，这样，“＊不日不夜”由于对应不上固定的参照点，而不能成立。

而“不-不”中心面向使得其不能否定实体，这与“没-没”形成对比，例如：

(96) 我受够了没爸没妈/＊不爸不妈的苦，我不能让我的孩子和我过去一样。

“没爸没妈”是说某人没有与其他人建立起爸妈的关系，并不直接针对爸妈的概念属性，而“不-不”针对此属性，故而不可接受。

总而言之，在复现结构中“没-没”主要面向过程，其使用预设跨域的对比，而“不-不”指向特定认知域的中心点，二者均能组构空间和时间。除此之外，在否定时间与空间并置的表达上，二者存在着通用。

6.4.2　“没A没B”和“不A不B”中时空互动的频率表现

“没-没”或“不-不”与时间或空间的组配倾向体现在“A-B”的频率对比上，如图6.13所示：

频率显示，在“没A没B”中时间类频率高于空间类频率，而

① 沈家煊(2010)指出，“没”指向存在，而“不”指向判断。这一定程度体现在“没-没”与“不-不”的差别上。

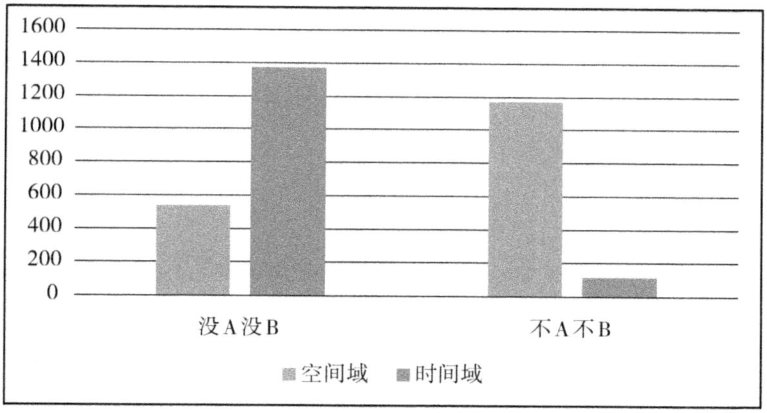

图 6.13 "没A没B"与"不A不B"中空间域与时间域频率对比

在"不A不B"中空间类频率高于时间类频率。这在宏观上印证了上述的内省发现。

需要强调的是，"没-没"与"不-不"并非绝对排斥时间或空间，只是在使用上存在不同的倾向。尽管这样的差别，但是在一般使用上，"不-不"仍然表现出较大优势，这体现在二者重叠的实例中"不-不"的频率普遍高于"没-没"，如图 6.14 所示：

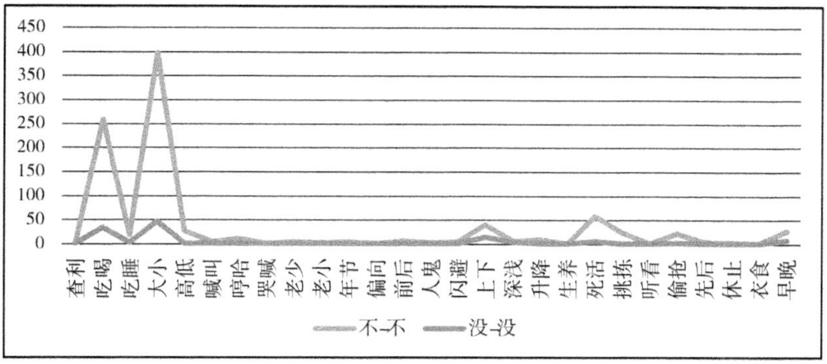

图 6.14 "不-不"与"没-没"叠合组构频率分布

结果显示，“不-不”在组构叠合实例上普遍比“没-没”的使用频率高，这提示“不-不”在组构概念过程中存在一定优势。

总之，“没-没”具有指向时间性变化的倾向，而“不-不”具有指向关系的倾向，二者均能组构空间和时间。

6.5 小结

本部分考察了对时间和空间均具有组构能力的“一-一”“或-或”“有-有”三个肯定复现对和“没-没”“不-不”两个否定复现对。结果发现，这些类比复现对时间和空间既可分别组构，也可进行统一组构。既然这些高度抽象的复现对具有框架性，那么被组构的时间和空间则不再像第四部分和第五部分中那样可充当框架，而是均转化为内容。

这些类比复现框架往往具有广泛的组构能力，其所组构的内容超出时间或空间，而涵盖其他具体或抽象的经验内容。虽然在这个组构中难以确认隐喻过程，但是其所组构的内容本身可为隐喻性表达。也就是说，隐喻在类比复现框架中起到基底作用。

更为重要的是，无论是肯定的复现框架还是否定的复现框架，均具有列举的功能。这种列举所体现的是通过语言的线性特征来表达无限多的内容。也就是说，无论在语义内容上表达何种时间，这些表达的时间均不是语言线性意义的时间。语言线性意义的时间所体现的是，语言是一个动态过程。这个主观的动态过程是我们表达外在世界的手段。虽然在我们研究其他语言结构时可忽略此动态处理过程的存在，但是在复现结构中这种动态系列则是典型特征。这种时间性动态过程在语言中的无所不在提示我们必须对语义意义上的抽象时间和动态处理时间加以区分。

7 结　　论

7.1 本研究的主要结论

本研究主要关注认知语言学中时间与空间互动议题。此议题是认知语言学的热点。从认知语言学内部的研究来看，长期以来，在语言分析上基本上认同 Lakoff & Johnson（1980）提出的时空隐喻，即空间比时间具体；空间用作组构时间。但从整个认知科学的角度来看，在认知和语言上时空互动是对称性的还是非对称性的仍然在证据上存在着不一致性。一方面，实验证据表明在语言表达中确实存在空间主要影响时间的趋势，而另外一方面，最新的研究表明，时间与空间的非对称关系取决于通道，并且这种非对称关系更倾向于体现于语言中。

另外，在认知语言学中关于时空互动存在不同的主张。虽然 G. Lakoff 和 R. W. Langacker 均为认知语言学的领军人物，但二人关于时间与空间互动提出不同的主张，也就是，前者主张时间的空间隐喻，而后者则主张时间与空间的依存。此两种理论在本质上是兼容的，但是二者如何兼容以及能解释什么样的语言现象则讨论甚少。实际上，二者的兼容是构建同一的认知语言学研究范式不可回避的问题，但遗憾的是，这并未引起学界应有的重视。Langacker（2012a）对此问题发表了一个纲领性的认识，但未对此进行详尽的论证，即时间的空间隐喻以处理时间作为基础。

为检验此结论，更为考察时间与空间在语言表达中的更广泛互动，本研究特别关注在汉语中具有特色的复现结构，以此来考察时空隐喻在汉语中的解释力。结果发现，在复现结构中，时间和空间呈现相互组构的使用，这种相互组构的基础是时间和空间均可充当内容或框架。当空间作为框架而时间作为内容时，则可体现时间的空间化，而当空间作为内容而时间作为框架时，则违背时空隐喻的单向性，而体现空间的时间化。鉴于此，在处理时空互动问题时，需要区分内容性和框架性的时间或空间。

我们还发现，在复现结构中框架共现对，尽管并非绝对，往往在短间距上表现出频率和比率优势。这提示，我们关注的框架共现对具有高度的规约化趋势。这种高度规约化对空间框架和时间框架均适用，并且一定程度上能在语言直觉上得到印证。尽管如此，空间框架和时间框架在间距维度上的分布趋势存在着差异，前者表现出规律性的间距越短使用频率越高，而后者则体现出断崖式的 V 字形分布。这提示，时间或空间框架在语言中的形成不仅仅受其概念结构的制约，还受到语言形式的调节。

7.2　本研究对认知语言学研究的启示

在认知语言学研究中面临着如下任务：

- 通过语言发现一般认知能力；
- 通过一般认知能力解释语言现象；
- 进行系统性、一致性的理论建设；
- 内省和实证的汇流。

就一般认知能力的发现而言，认知语言学理论的草创工作已经做得较为完备，而后期的跨学科实证研究则可能是一个较为漫长的过程。重要的是，学者均有各自的专长，不可能把所有的研究方法均掌握。就超出语言层面的一般认知能力的探索而言，对于多数语言学家来说实际上并非是主要的工作。在这方面，语言学家需要借鉴其他认知科学学科的新发现和新结论。就本研究而言，我们仍然是通过汉语来检验这些一般认知能力，而非提出一般认知能力，以此回应 Dąbrowska(2016) 对认知语言学的批评：理论建构有余而假设检验不足。

检验一般认知能力在解释语言现象上的效力是本研究的核心工

作。我们发现，隐喻作为一般认知能力不能泛化。就我们关注的时空互动而言，核心是如何在语言中区分时空相关、时空类比、时空依存、时空隐喻、时空转喻和时空整合。我们通过汉语复现结构揭示，这些不同类型的时空互动相互纠缠在一起，尤其是时间在此结构中展现出多种角色，这导致单纯通过时空隐喻无法解释这些复杂的现象。当然，也并非是一提到时间与空间互动，则必然涉及时空隐喻。在某些复现结构的使用中，各种时空互动会呈现连续性的分布，而时空隐喻是基于整合构式化的结果。这样，时空隐喻本身在描写和解释语言现象上是存在限制的，不能对其解释力过度夸大。

国内学者关注最多的是，无论认知语言学家总结的一般认知能力有多么的强大，但最终均归结到一点：要能充分地、一致地解释汉语的事实，要能揭示汉语本身的特质。之所以要关注汉语是因为，当我们关注语言表达的语义结构时，不可避免的要用到语言学家的内省，即使进行行为实验，也需要求助母语者。比如，在田野调查中则需要寻找一些母语者作受试。只是，某种语言往往是一个庞杂的系统，单凭田野调查很难对某个语言的广泛组构现状作深入调查。在研究汉语的时间和空间表征时仍然面临着类似的问题。一方面需要通过实验调查才能探究语言过程的心理机制，而另一方面仍然需要扩大研究对象。这种研究对象的扩大，往往需要首先基于内省提出假设，之后通过语料分析、行为实验、神经实验等进行验证性研究。也就是说，语言学家对语言现象的描述应该成为这种跨学科互动的先导。这个先导性更可靠的是依赖母语者对母语的直觉，而且也最经济、最直接，更容易做到广泛。但在依赖内省的同时，也需要依靠语料来获得更为稳定的结论。虽然从认知语言学的出发点来看是主张认知能力决定语言表现，但是在丰富的语言使用中，我们不得不承认，基于社会互动的规约或心理固化也在限制语言的使用。为了揭示这种规约，也为了避免研究者将个体语言使用强加到社会语言规约上，我们也有必要将内省的方法和语料库的方法相互结合。

本研究还提示，认知语言学的理论需要不断适应新的语言现象，并进行必要的调整和修正。认知语言学最近的新发展是开始从社会认知视角来考察语言与认知(Kristiansen & Geeraerts 2013; van Dijk 2014; da Silva 2014; Pütz et al. 2012)。这种新发展在一定程度上不同于认知语言学家的最初设想。例如，Lakoff & Johnson (1993)就认为语言是认知的。当然，这种新发展依然能为原有的理论所吸收。Langacker(2016: 469)就指出，“语言单位既是认知的也是社会的，前者为认知处理后者涉及更多方面”。这个“更多方面”就包括社会层面。这样的立场在原则上适用于解释虚拟交际(fictive interaction)，例如(Pascual 2014: 78):

(1) a. “no, I will not go to sleep-and don't you dare leave me alone in my crib!” stage

b. “I'm not participating in the show” corner

在(1a)中虚拟交际描述时间性行为的特征；在(1b)中虚拟运动描述空间方位的特征。二者均通过想象对话的方式呈现。当然，如果认知语法要描写此类表达，则需要将理论模型从单人陈述调整为多人对话的模式。

所有以上的进展均需要通过恰当的方法来验证。我们的研究显示，内省和语料实际上不应该分而治之，而是应该相互融合。最近 Divjak et al. (2016)在 *Cognitive linguistics* 杂志上组织了一期专题讨论，此专题讨论的议题之一是认知语言学的研究方法。单就方法而言，量化和实证需要以内省假设为前提，并且量化实证结果需要通过内省的理论才能获得解释。基于此，Divjak et al. (2016)呼吁，“关键是要避免一种方法优于另外一种方法的态度，此态度对认知语言学事业是有害的，且不利于其发展”。

7.3　尚存的不足和下一步研究前景

本研究主要对部分复现结构进行了考察，而没有对所有复现结构进行考察。在汉语中复现共现实际上大量存在，单是在四字格上就具有几十万条，如果考虑到所有间距的实例，数量可能更多。这么大数量的实例单纯依靠人工筛选进行频率统计，工作量过于庞大而不能完成。为此，我们未对复现结构进行穷尽式的考察，而是选择与研究问题更为紧密相关的复现结构进行细致的考察。在未来的研究中，实际上可以进一步扩大考察范围，进一步考察现有的发现是否适用于更广泛的语料，尤其是时间性框架和空间性框架在频率分布上的差异。

另外，本研究所采取的间距方法可能具有更为广泛的应用。既然汉语中存在大量长距离依存结构，例如“帮忙”“帮个忙”“吃饭”“吃个饭”“跑来”“跑过来”，我们能通过结构在间距维度上的表现，一方面考察间距效应在此类表达中是否存在，另外一方面也可考察此类结构词汇化的方式和路径，以及时间和空间在间距维度上的表达情况。

当然，在汉语中体现时间与空间相互组构的结构并不限于复现结构。一个较为典型的例子是“着”与“的”的对比。例如，在“皮肤皱皱着”中提示持续的“着”用作描述空间状态“皱皱”，而在“蜜蜂嗡嗡的”中提示空间状态的“的”用作描述声音过程“嗡嗡”。这些现象均需要进一步考察来判定其理论意义。

本研究虽然采取内省和语料相互印证和补充的方式展开研究，我们仍然希望所得出的结论能够获得其他方法的支持，或者为其他方法提供理论假设和素材。虽然我们并不认为量化实证的方法是最终解决问题的手段，但是，通过其他方法的验证本身可考察语言内省和语料分析所得结论的适用范围。简言之，内省和语料的分析需要提出可供量化和实证检验的结果，而量化和实证也需要以明晰的内容和语料为基础，以此逐步扩大对语言事实的更广泛探究。

参考文献

Ahrens, K. & Chu-Ren Huang. Time Passing Is Motion, *Language and Linguistics*, 2002, 3: 491-519.

Alverson, H.. *Semantics and Experience: Universal Metaphor of Time in English, Mandarin, Hindi, and Sesotho.* Baltimore: Johns Hopkins University Press, 1994.

Aristotle, J. B.. *The Complete Works of Aristotle.* Princeton, NJ: Princeton University Press, 1984.

Arnon, I. & N. Snider. More than Words: Frequency Effects for Multi-Word Phrases, *Journal of Memory and Language*, 2010, 62(1): 67-82.

Bardon, A.. *A Brief History of the Philosophy of Time.* Oxford: Oxford University Press, 2013.

Bender, A., S. Beller & G. Bennardo. Temporal Frames of Reference: Conceptual Analysis and Empirical Evidence from German, English, Mandarin Chinese and Tongan, *Journal of Cognition and Culture*, 2010, 10(3-4): 283-307.

Bender, A., A. Rothe-Wulf, L. Hüther & S. Beller. Moving Forward in Space and Time: How Strong Is the Conceptual Link Between Spatial and Temporal Frames of Reference? *Frontiers in Psychology*, 2012, 3(NOV).

Bender, A. & S. Beller. Mapping Spatial Frames of Reference onto Time: A Review of Theoretical Accounts and Empirical Findings, *Cognition*, 2014, 132(3): 342-382.

Bergen, B. K. & T. T. Chan Lau. Writing Direction Affects How

People Map Space onto Time, *Frontiers in Psychology* 3 (APR), 2012.

Blomberg, J.. The Expression of Non-Actual Motion in Swedish, French and Thai, *Cognitive Linguistics*, 2015, 26(4): 657-696.

Blomberg, J. & J. Zlatev. Actual and non-actual motion: Why experientialist semantics needs phenomenology (and vice versa), *Phenomenology and the Cognitive Sciences*, 2014, 13 (3): 395-418.

Blumenthal-Dramé, A.. *Entrenchment in Usage-Based Theories: What Corpus Data Do and Do Not Reveal about the Mind.* Berlin/Boston: Walter de Gruyter GmbH, 2012.

Boroditsky, L.. Metaphoric Structuring: Understanding Time through Spatial Metaphors, *Cognition*, 2000, 75: 1-28.

Boroditsky, L.. Does Language Shape Thought? Mandarin and English Speakers' Conceptions of Time, *Cognitive Psychology*, 2001, 43 (1): 1-22.

Bottini, R. & D. Casananto.. Space and time in the Child's Mind: Metaphoric or ATOMic? *Frontiers in Psychology*, 2013, 4(NOV).

Bowdle, B. & D. Gentner. The Career of Metaphor, *Psychological Review*, 2005, 112: 193-216.

Brdar, M. & R. Brdar-Szabó . Where Does Metonymy Begin? Some Comments on Janda (2011), *Cognitive Linguistics*, 2014, 25(2): 313-340.

Brugman, C.. What is the Invariance Hypothesis? *Cognitive Linguistics*, 1990, 1(2): 257-268.

Bybee, J. , R. Perkins & W. Pagliuca. *The Evolution of Grammar: Tense, Aspect, and Modality in the Languages of the World.* Chicago: University of Chicago Press, 1994.

Bybee, J. L.. *Frequency of Use and the Organization of Language.* Oxford: Oxford University Press, 2007.

Bybee, J. L.. *Language, Usage and Cognition.* Cambridge: Cambridge

University Press, 2010.

Cacciari, C. , N. Bolognini, I. Senna, M. C. Pellicciari, C. Miniussi & C. Papagno. Literal, Fictive and Metaphorical Motion Sentences Preserve the Motion Component of the Verb: A TMS Study, *Brain and Language*, 2011, 119(3): 149-157.

Cai, Zhenguang G. & L. Connell. Space-time Interdependence: Evidence against Asymmetric Mapping between Time and Space, *Cognition*, 2015, 136: 268-281.

Casasanto, D.. Temporal Language and Temporal Thinking may not Go Hand in Hand. In B. Lewandowska Tomaszczyk (ed.). *Conceptualizations of Time*. Amsterdam: John Benjamins, 2016, 169-186.

Casasanto, D. & L. Boroditsky. Time in the Mind: Using Space to Think about Time, *Cognition*, 2008, 106(2): 579-593.

Casasanto, D. , O. Fotakopoulou & L. Boroditsky. Space and Time in the Child's Mind: Evidence for a Cross-dimensional Asymmetry, *Cognitive Science*, 2010, 34(3): 387-405.

Chen, J. & P. G. O'Seaghdha. Do Mandarin and English Speakers Think about Time Differently? Review of Existing Evidence and Some New Data, *Journal of Chinese Linguistics*, 2013, 41(2): 338-358.

Clark, H. H.. Space, Time, Semantics, and the Child. In T. E. Moore (ed.). *Cognitive Development and the Acquisition of Language*. New York: Academic Press, 1973.

Coëgnarts, M. & P. Kravanja. With the Past in front of the Character: Evidence for Spatial-Temporal Metaphors in Cinema, *Metaphor and Symbol*, 2015, 30(3): 218-239.

Cooperrider, K. , J. Slotta & R. Núñez. Uphill and Downhill in a Flat World: The Conceptual Topography of the Yupno House, *Cognitive Science*, 2016, 1-32.

Croft, W.. The Role of Domains in the Interpretation of Metaphors and Metonymies. In René Dirven & Ralf Pörings (eds.). *Metaphor and*

Metonymy in Comparison and Contrast. Berlin: Mouton de Gruyter, 1993/2002: 161-205.

Dąbrowska, Ewa. Cognitive Linguistics' Seven Deadly Sins. *Cognitive Linguistics*, 2016, 27(4): 479-491.

Dainton, Barry. The Perception of Time. In Heather Dyke & Adrian Bardon (eds.) *A Companion to the Philosophy of Time*, *First Edition*, 2013, 389-409.

Da Silva, A. S. (ed.). *Pluricentricity: Language Variation and Sociocognitive Dimensions* (Vol. 24). New York: Walter de Gruyter, 2014.

Desai, R. H., J. R. Binder, L. L. Conant, Q. R. Mano & M. S. Seidenberg. The Neural Career of Sensory-Motor Metaphors. *Journal of Cognitive Neuroscience*, 2011, 23(9): 2376-2386.

DiSalle, Robert. Newton's Philosophical Analysis of Space and Time. In I. Bernard Cohen & George E. Smith (eds.). *The Cambridge Companion to NEWTON*. Cambridge: Cambridge University Press, 2002.

Divjak, Dagmar, Natalia Levshina & Jane Klavan. Cognitive Linguistics: Looking Back, Looking Forward, *Cognitive Linguistics*, 2016, 27(4): 447-463.

Duffy, Sarah. E & Michèle. I. Feist. Individual Differences in the Interpretation of Ambiguous Statements about Time, *Cognitive Linguistics*, 2014, 25(1): 29-54.

Eikmeier, V., S. Alex-Ruf, C. Maienborn & R. Ulrich. How Strongly Linked Are Mental Time and Space Along the Left-Right Axis? *Journal of Experimental Psychology: Learning Memory and Cognition*, 2015, 41(6): 1878-1883.

Engberg-Pedersen, E.. Space and Time. In Jens Allwood & Peter Gärdenfors (eds.). *Cognitive Semantics: Meaning and Cognition*. Amsterdam: John Benjamins, 1999.

Evans, V.. Temporal Frames of Reference, *Cognitive Linguistics*,

2013a, 24(3): 393-435.

Evans, V.. *Language and Time: A Cognitive Linguistics Approach.* Cambridge: Cambridge University Press, 2013b.

Fauconnier, G. & M. Turner. Blending as a Central Process of Grammar. In Adele Goldberg (ed.). *Conceptual Structure, Discourse, and Language.* Stanford: Center for the Study of Language and Information, 1996.

Fauconnier, G. & M. Turner. The Way We Think: Conceptual Blending and the Mind's Hidden Complexities. New York: Basic Books, 2002.

Fauconnier, G. & M. Turner. Rethinking Metaphor. In Ray Gibbs (ed.). *Cambridge Handbook of Metaphor and Thought.* New York: Cambridge University Press, 2008.

Fillmore, C. J.. Frame Semantics. In D. Geeraerts (ed.). *Cognitive Linguistics: Basic Readings.* Berlin/New York: Mouton de Gruyter, 2006.

Fuhrman, O., K. McCormick, E. Chen, H. Jiang, D. Shu, S. Mao & L. Boroditsky. How Linguistic and Cultural Forces Shape Conceptions of Time. English and Mandarin Time 3D, *Cognitive Science*, 2011, 35(7): 1305-1328.

Galton, A.. Time Flies but Space Does Not: Limits to the Spatialisation of Time, *Journal of Pragmatics*, 2011, 43(3): 695-703.

Gärdenfors, Peter & Simone Löhndorf. What Is a Domain? Dimensional Structures versus Meronomic Relations, *Cognitive Linguistics*, 2013, 24(3): 437-456

Gentner, D. & P. Wolff. Alignment in the Processing of Metaphor, *Journal of Memory and Language*, 1997, 37 (3): 331-355.

Gentner, D., M. Imai & L. Boroditsky. As Time Goes by: Evidence for Two Systems in Processing Space—Time Metaphors, *Language and Cognitive Processes*, 2002, 17(5): 537-565.

Gibbs, R. W. Jr.. Why Many Concepts Are Metaphorical, *Cognition*,

1996, 61: 309-319.

Gibson, J.. Events Are Perceivable but Time Is Not. In J. T. Fraser & N. Lawrence (eds.). *The Study of Time*, Vol. 2. New York: Springer, 1975.

Glynn, D. & Kerstin Fischer. *Quantitative Methods in Cognitive Semantics: Corpus-Driven Approaches*. Berlin/New York: Walter de Gruyter, 2010.

Goldberg, A.. *Constructions: A Construction Grammar Approach to Argument Structure*. Chicago: University of Chicago Press, 1995.

Goldberg. A.. Constructionist Approaches. In T. Hoffmann & G. Trousdale (eds.). *The Oxford Handbook of Construction Grammar*. Oxford: Oxford University Press, 2013.

Gonzalez-Marquez, Monica, Irene Mittelberg, Seana Coulson & Michael J. Spivey (eds.).. *Methods in Cognitive Linguistics*. Amsterdam/ Philadelphia: John Benjamins, 2007.

Grady, J.. Foundations of Meaning: Primary Metaphors and Primary Scenes. Ph. D. Dissertation. Berkeley: University of California, Berkeley, 1997.

Grady, J.. A Typology of Motivation for Conceptual Metaphor: Correlation versus Resemblance. In R. Gibbs & G. Steen (eds.). *Metaphor in Cognitive Linguistics*. Philadelphia: John Benjamins, 1999.

Grady, J., S. Taub & P. Morgan. Primitive and Compound Metaphors. In A. Goldberg (ed.), *Conceptual Structure, Discourse and Language*. Stanford: CSLI Publications, 1996.

Haspelmath, Martin. *From Space to Time Temporal Adverbials in the World's Languages*. München-Newcastle: Lincon Europa, 1997.

Hawking, Stephen. *A Brief History of Time*. Bantam Books, 1988.

Heine, Bernd, Ulrike Claudi & Friederike Hiinnemeyer. *Grammaticalization: A Conceptual Framework*. Chicago: University of Chicago Press, 1991.

Heine, Bernd. *Cognitive Foundations of Grammar*. New York/Oxford: Oxford University Press, 1997.

Homma, C. T. & H. Ashida. What Makes Space-Time Interactions in Human Vision Asymmetrical? *Frontiers in Psychology*, 2015, 6 (JUN).

Huumo, T.. Temporal Frames of Reference and the Locative Case Marking of the Finnish Adposition ete-'in front of/ahead', *Lingua*, 2015, 164: 45-67.

Jamrozik, A., McQuire, M., Cardillo, E. R., & A. Chatterjee. Metaphor: Bridging Embodiment to Abstraction, *Psychonomic Bulletin and Review*, 2016, 23(4): 1080-1089.

Janda, L. A.. Metonymy in Word-Formation, *Cognitive Linguistics*, 2011, 22(2): 359-392.

Janda, L. A.. Quantitative Methods in Cognitive Linguistics: An Introduction. In L. Janda (ed.). *Cognitive Linguistics: The Quantitative Turn*. Berlin and New York: Mouton de Gruyter, 2013.

Janda, Laura A.. Metonymy and Word-Formation Revisited. *Cognitive Linguistics*, 2014, 25(2): 341-349.

Kant, Immanuel. *The Critique of Pure Reason*. eds. & trans. Paul Guyer & Allen W. Wood. Cambridge: Cambridge University Press, 1998, 1781.

Kranjec, A.. Extending spatial frames of reference to temporal concepts. *Proceedings of the 28th Annual Conference of the Cognitive Science Society*, 2006, 447-452.

Kranjec, A., M. Lehet & A. Chatterjee. Space and Time Are Mutually Contagious in Sound. *Proceedings of the 35th Annual Conference of the Cognitive Science Society*, 2013, 1-5.

Kemmerer, D.. The Spatial and Temporal Meanings of English Prepositions Can Be Independently Impaired, *Neuropsychologia*, 2005, 43(5): 797-806.

Klein, W.. Concepts of Time. In W. Klein & P. Li (eds.). *The Expression of Time*. Berlin: Mouton de Gruyter, 2009: 5-38.

Kristiansen, G. & D. Geeraerts. Contexts and Usage in Cognitive Sociolinguistics. *Journal of Pragmatics*, 2013, 52: 1-4.

Lai, V. T. & L. Boroditsky. The Immediate and Chronic Influence of Spatio-Temporal Metaphors on the Mental Representations of Time in English, Mandarin, and Mandarin-English speakers, *Frontiers in Psychology*, 2013, 4: 142.

Lakoff, G.. The Contemporary Theory of Metaphor. In A. Ortony (ed.). *Metaphor and Thought. 2nd edition.* Cambridge: Cambridge University Press, 1993.

Lakoff, G. & M. Johnson. *Metaphors We Live By*. Chicago: University of Chicago Press, 1980.

Lakoff, G. & M. Johnson. *Metaphors We Live By*. Chicago: University of Chicago Press, 2003.

Lakoff, George & M. Turner. *More than Cool Reason: A Field Guide to Poetic Metaphor*. Chicago: University of Chicago Press, 1989.

Lakoff, G. & M. Johnson. *Philosophy in the Flesh: The Embodied Mind and Its Challenge to Western Thought*. New York: Basic Books, 1999.

Langacker, R.. Abstract Motion. *Proceedings of the Twelfth Annual Meeting of the Berkeley Linguistics Society*, 1986: 445-471.

Langacker, R. W.. *Foundations of Cognitive Grammar*, Vol. 1. Stanford: Stanford University Press, 1987a.

Langacker, R. W.. Nouns and Verbs, *Language*, 1987b, 63(1): 53-94.

Langacker, R. W.. Discourse in Cognitive Grammar, *Cognitive Linguistics*, 2001, 12(2): 143-188.

Langacker, R. W.. *Cognitive Grammar: A Basic Introduction*. Oxford: Oxford University Press, 2008.

Langacker, R. W.. Linguistic Manifestations of the Space-Time (Dis) analogy. In L. Filipović & K. M. Jaszczolt (eds.). *Space and Time in Languages and Cultures: Language, Culture, and Cognition.* Amsterdam and Philadelphia: John Benjamins, 2012a, 191-215.

Langacker, R. W.. Elliptic Coordination, *Cognitive Linguistics*, 2012b, 23(3): 555-599.

Langacker, R. W.. Working toward a Synthesis, *Cognitive Linguistics*, 2016, 27(4): 465-477.

Lawrence, N.. Temporal Passage and Spatial Metaphor. In J. T. Fraser & N. Lawrence (eds.). *The Study of Time*, Vol. 2. New York: Springer, 1975.

Levinson, S. C.. *Space in Language and Cognition.* Cambridge: Cambridge University Press, 2003.

Li, P. &L. Gleitman. Turning the Tables: Language and Spatial Reasoning, *Cognition*, 2002, 83: 265-294.

Martínez-Manrique, F. & A. Vicente. What Is Said by a Metaphor: The Role of Salience and Conventionality, *Pragmatics and Cognition*, 2013, 21(2): 304-328.

Mashal, N. & M. Faust. Conventionalisation of Novel Metaphors: A Shift in Hemispheric Asymmetry, *Laterality*, 2009, 14 (6): 573-589.

Matlock, T.. How Real Is Fictive Motion? Ph. D. Dissertation. Santa Cruz: University of California, Santa Cruz, 2001.

Matlock, T. & T. Bergmann. *Fictive Motion.* In E. Dąbrowska & D. Divjak (eds.). *Handbook of Cognitive Linguistics.* DeGruyter Mouton, 2015.

Matlock, T., K. J. Holmes, M. Srinivasan & M. Ramscar. Even Abstract Motion Influences the Understanding of Time, *Metaphor and Symbol*, 2011, 26(4): 260-271.

Matlock, T., M. Ramscar & L. Boroditsky. On the Experiential Link between Spatial and Temporal Language, *Cognitive Science*, 2005,

29(4): 655-664.

Matsumoto, Y.. Subjective Motion and English and Japanese Verbs, *Cognitive Linguistics*, 1996, 7: 183-226.

McTaggart, J.. The Unreality of Time, *Mind*, 1908, 17: 457-474.

Merritt, D. J., D. Casasanto & E. M. Brannon. Do Monkeys Think in Metaphors? Representations of Space and Time in Monkeys and Humans, *Cognition*, 2010, 117: 191-202.

Miles, L. K., L. Tan, G. D. Noble, J. Lumsden & C. N. Macrae. Can a Mind Have Two Time Lines? Exploring Space-Time Mapping in Mandarin and English Speakers, *Psychonomic Bulletin and Review*, 2011, 18(3): 598-604.

Mishra, R. K. & N. Singh. Online Fictive Motion Understanding: An Eye-Movement Study with Hindi, *Metaphor and Symbol*, 2010, 25(3): 144-161.

Moore, K. E.. Space-to-Time Mappings and Temporal Concepts, *Cognitive Linguistics*, 2006, (17): 199-244.

Moore, K. E.. Ego-Perspective and Field-Based Frames of Reference: Temporal Meanings of Front in Japanese, Wolof, and Aymara, *Journal of Pragmatics*, 2011, 43(3): 759-776.

Moore, K. E.. Elaborating Time in Space: the Structure and Function of Space-Motion Metaphors of Time, *Language and Cognition*, 2016, (1): 1-63.

Núñez, R. & E. Sweetser. With the Future behind Them: Convergent Evidence from Aymara Language and Gesture in the Crosslinguistic Comparison of Spatial Construals of Time, *Cognitive Science*, 2006, 30(3): 401-450.

Núñez, R. & K. Cooperrider. The Tangle of Space and Time in Human Cognition, *Trends in Cognitive Sciences*, 2013, 17(5): 220-229.

Pascual, Esther. Fictive Interaction: The Conversation Frame in Thought, Language, and Discourse. Amsterdam: John Benjamins B. V, 2014.

Peirsman, Yves & Dirk Geeraerts. Metonymy as a Prototypical Category, *Cognitive Linguistics*, 2006, 17(3): 269-316.

Pouthas, Viviane & Séverine Perbai. Time Perception Does Not Only Depend on Accurate Clock Mechanisms But Also on Unimpaired Attention and Memory Processes, *Acta Neurobiologiae Experimentalis*, 2004, 64: 367-385.

Pütz, M., J. A. Robinson & M. Reif. The Emergence of Cognitive Sociolinguistics: An Introduction, *Review of Cognitive Linguistics*, 2012, 10(2): 241-263.

Radden, G.. Motion Metaphorized: The CASE of "coming" and "going". In E. Casad (ed.). *Cognitive Linguistics in the Redwoods: The Expansion of a New Paradigm in Linguistics*. New York: de Gruyter, 1996.

Radden, G.. The Metaphor TIME AS SPACE across Languages. In Baumgarten, Nicole/Böttger, Claudia/Motz, Julia Markus/Probst, (eds.). Übersetzen, Interkulturelle Kommunikation, Spracherwerb und Sprachvermittlung-das Leben mit mehreren Sprachen. Festschrift für Juliane House zum 60. Geburtstag. *Zeitschrift für Interkulturellen Fremdsprachenunterricht*, 2003, 8(2/3): 226-239.

Radden, G.. Spatial Time in the West and the East. In Mario Brdar, Marija Omazic, Visnja Pavicic Takac, Tanja Gradecak-Erdeljic & Gabrijela Buljan (eds.). *Space and Time in Language*. Frankfurt: Peter Lang, 2011.

Rammsayer, Thomas. H.. On the Relationship between Personality and Time Estimation, *Personal Individual Differences*, 1997, 23: 739-744.

Richardson, Daniel & Teenie Matlock. The Integration of Figurative Language and Static Depictions: An Eye Movement Study of Fictive Motion, *Cognition*, 2007, 102: 129-138.

Rothe-Wulf, A., S. Beller & A. Bender. Temporal Frames of Reference in Three Germanic Languages: Individual Consistency,

Interindividual Consensus, and Cross-Linguistic Variability, *Quarterly Journal of Experimental Psychology*, 2015, 68 (5): 917-939.

Shusterman, A. & P. Li. Frames of Reference in Spatial Language Acquisition, *Cognitive Psychology*, 2016, 88: 115-161.

Shutova, E., B. J. Devereux & A. Korhonen. Conceptual Metaphor Theory Meets the Data: A Corpus-Based Human Annotation Study, *Language Resources and Evaluation*, 2013, 47(4): 1261-1284.

Sinha, Chris, Vera da Silva Sinha, Jörg Zinken & Wany Sampaio. When Time Is Not Space: The Social and Linguistic Construction of Time Intervals in an Amazonian Culture, *Language and Cognition*, 2011, 3(1): 137-169.

Steen, G. J., A. G. Dorst, J. B. Herrmann, A. A. Kaal & T. Krennmayr. Metaphor in Usage, *Cognitive Linguistics*, 2010, 21 (4): 765-796.

Stocker, K.. The Theory of Cognitive Spacetime, *Metaphor and Symbol*, 2014, 29(2): 71-93.

Sullivan, K. & Linh Thuy Bui. With the Future Coming Up behind Them: Evidence that Time Approaches from behind in Vietnamese, *Cognitive Linguistics*, 2016, 27(2): 205-233.

Sun, Y. & H. Wang. Insight into Others' Minds: Spatio-Temporal Representations by Intrinsic Frame of Reference, *Frontiers in Human Neuroscience*, 2014, 8(1 FEB).

Szwedek, A.. Conceptualization of Space and Time. In P. Łobacz, P. Nowak & W. Zabrocki (eds.). *Language, Science and Culture.* Poznań: Wydawnictwo Naukowe UAM, 2009.

Szwedek, A.. The Ultimate Source Domain, *Review of Cognitive Linguistics*, 2011, 9(2): 341-366.

Szwedek, A.. The Nature of Domains and the Relationships between Them in Metaphorization, *Review of Cognitive Linguistics*, 2014, 12(2): 342-374.

Tai, James H-Y.. Verb-Copying in Chinese Revisited. In Yuen-mei Yin, I-li Yang & Hui-chen Chan (eds.). *Chinese Language and Linguistics V: Interactions in Language Symposium Series of the Institute of History and Philology*, No. 2. Taipei: Academia Sinica, 1999.

Talmy, Leonard. How Language Structures Space. In H. L. Pick & L. P. Acredolo (eds.). *Spatial Orientation: Theory, Research, and Application*. New York: Plenum, 1983.

Talmy, L.. Fictive Motion in Language and "Caption". In P. Bloom, M. A. Peterson & M. F. Garrett (eds.). *Language and Space*. Cambridge, MA: MIT Press, 1996.

Talmy, L.. *Toward a Cognitive Semantics Volume Ⅰ: Concept Structuring Systems*. London: The MIT Press, 2000.

Taub, S.. How Productive Are Metaphors? A Close Look at the Participation of a Few Verbs in the States Are Locations Metaphor (and Others). In A. Goldberg (ed.). *Conceptual Structure, Discourse and Language*. Stanford, CA: CSLI Publications, 1996.

Tenbrink, T.. *Space, Time, and the Use of Language: An Investigation of Relationships*. Berlin: Mouton de Gruyter, 2007.

Tenbrink, T.. Reference Frames of Space and Time in Language, *Journal of Pragmatics*, 2011, (43): 704-722.

Teuscher, U., M. McQuire, J. Collins & S. Coulson. Congruity Effects in Time and Space: Behavioral and ERP measures, *Cognitive Science*, 2008, 32(3): 563-578.

Thibodeau, P. H. & L. Boroditsky. Metaphors We Think With: The Role of Metaphor in Reasoning, *PLoS ONE*, 2011, 6(2): e16782.

Thibodeau, P. H. & F. H. Durgin. Metaphor Aptness and Conventionality: A Processing Fluency Account, *Metaphor and Symbol*, 2011, 26(3): 206-216.

Torralbo, A., J. Santiago& J. Lupiáñez. Flexible Conceptual Projection of Time onto Spatial Frames of Reference, *Cognitive Science*, 2006, 30: 745-757.

Traugott, E. C.. On the Expression of Spatio-Temporal Relations in Language. In J. H. Greenberg (ed.). *Universals of Human Language*, *Volume* 3: *Word Structure*. Stanford, CA: Stanford University Press, 1978.

Tyler, Andrea & Vyvyan Evans. *The Semantics of English Prepositions*: *Spatial Sciences*, *Embodied Meaning*, *and Cognition*. Cambridge: Cambridge University Press, 2003.

van Dijk, T. A.. *Discourse and Knowledge*: *A Sociocognitive Approach*. Cambridge: Cambridge University Press, 2014.

Vanek, N. & H. Hendriks. Convergence of Temporal Reference Frames in Sequential Bilinguals: Event Structuring Unique to Second Language Users, *Bilingualism*, 2015, 18(4): 753-768.

Walker, E. & K. Cooperrider. The Continuity of Metaphor: Evidence from Temporal Gestures, *Cognitive Science*, 2016, 40 (2): 481-495.

Waliński, Jacek T.. Complementarity of Space and Time in Motion-Framed Distance. In B. Lewandowska-Tomaszczyk & K. Kosecki (eds.), *Time and Temporality in Language and Human Experience*. Frankfurt am Main: Peter Lang, 2014.

Walsh, V.. A Theory of Magnitude: Common Cortical Metrics of Time, Space and Quantity, *Trends in Cognitive Sciences*, 2003, 7(11): 483-488.

Wittmann, M.. The Inner Sense of Time: How the Brain Creates a Representation of Duration, *Nature Reviews Neuroscience*, 2013, 14 (3): 217-223.

Winter, B., T. Marghetis & T. Matlock. Of Magnitudes and Metaphors: Explaining Cognitive Interactions between Space, Time, and Number, *Cortex*, 2015, 64: 209-224.

Wolff, P. & D. Gentner. Structure-Mapping in Metaphor Comprehension, *Cognitive Science*, 2011, 35(8): 1456-1488.

Wu, Shuqiong. The Metonymic Interpretation of Chinese Antonym Co-Occurrence Constructions: The Case of you X you Y, *Language Sciences*, 2014, 45: 189-201.

Yu, N.. *The Contemporary Theory of Metaphor: A Perspective from Chinese*. Amsterdam: John Benjamins, 1998.

Yu, N.. The Metaphorical Orientation of Time in Chinese, *Journal of Pragmatics*, 2012, 44(10): 1335-1354.

Zinken, Z.. Temporal Frames of Reference. In V. Evans & P. Chilton (eds.). *Language, Cognition and Space: The State of the Art and New Directions*. London: Equinox, 2010.

曹佳，英汉感知散射类虚拟位移表达的对比研究，硕士学位论文，湘潭大学，2015 年。

陈仁凯，王晶，时间空间化概念隐喻认知研究新探，《外语研究》，2016(1): 40-46。

陈忠，“结构-功能”互参互动机制下的重动句配置参数功能识解，《中国语文》，2012(3): 225-237。

程琪龙，转喻的认知机制和过程，《外语教学》，2011(3): 1-4。

范方莲，试论所谓“动词重叠”，《中国语文》，1964(4): 264-278。

范娜，运动事件模式下汉语虚构运动表达的认知研究，博士学位论文，北京外国语大学，2012 年。

范娜，英语虚拟位移中的概念整合和转喻，《解放军外国语学院学报》，2014(6): 99-106。

高原，从古典诗歌中的时间隐喻看中英时间观的不同，《外语与翻译》，2012(3): 1-6。

郭风岚，“又 A 又 B”格式的认知模式，《世界汉语教学》，2000(3): 52-56。

韩玉强，刘宾，汉语空间隐喻时间中的“前”、“后”认知，《修辞学习》，2007(4): 15-20。

蒋协众，湘语邵阳话中动词的“VXVX”式重叠——兼谈湖南方言动词“VXVX”式重叠的类型学意义，《湖南师范大学社会科学学报》，2015(4)：123-129。
晋小涵，齐振海，论汉语“面”的空间隐喻，《外语研究》，2007(04)：16-20。
匡腊英，汉语言中时间的空间隐喻——论空间范畴概念对汉语时间表述的影响，《湖南社会科学》，2011(6)：158-161。
赖斯燕，陆直，周苗，何先友，时间隐喻在时刻水平上的表盘模拟表征，《心理科学》，2014(1)：2-9。
蓝纯，从认知角度看汉语的空间隐喻，《外语教学与研究》，1999(4)：7-15。
蓝纯，高秀平，从认知视角看《心经》和《金刚经》中的概念隐喻，《外语教学与研究》，2016(1)：17-28。
李福印，概念隐喻理论和存在的问题，《中国外语》，2005(4)：21-28。
李恒，汉语使用者时空隐喻手势的认知研究，《外语与外语教学》，2014(6)：38-43。
李宏德，运动事件框架下的汉英时间概念表达对比研究，博士学位论文，复旦大学，2014 年。
李秋杨，延伸型虚拟位移表达的类型学研究，《现代外语》，2014(6)：753-762。
刘宇红，认知隐喻理论与大乘佛法的互证：以时间的空间隐喻为例，《五台山研究》，2014(1)：21-25。
刘辰诞，杨慧芳，自主—依存关系与汉语谐音类歇后语的生成，《外语教学》，2009(1)：40-43。
刘鸿勇，张庆文，顾阳，反复体的语义特征及其形态句法表现，《外语教学与研究》，2013(1)：24-35。
刘梅丽，汉英空间维度词“大/big”隐喻拓展差异及成因探析，《西安外国语大学学报》，2016(1)：12-16。
刘晓宇，刘永兵，英汉上下空间概念的隐喻——基于语料库的比较研究，《西安外国语大学学报》，2016(1)：7-11。
刘振前，邢梅萍，四字格成语的音韵对称与认知，《语言教学与研究》，2003(3)：48-57。

刘正光，莱柯夫隐喻理论中的缺陷，《外语与外语教学》，2001(1)：25-29。
罗远林，试论动词重叠 A—A 式，《辽宁大学学报(哲学社会科学版)》，1987(5)：75-77。
马书东，梁君英，构式切换中的间距效应，《现代外语》，2015(4)：493-502。
马书东，梁君英，汉语动词复现中时与空的互动研究，《外语教学与研究》，2016(2)：188-199。
牛保义，新自主/依存联结分析模型的建构与应用，《现代外语》，2011(3)：230-236。
钱乃荣，现代汉语的反复体，《语言教学与研究》，2000(4)：1-9。
邵敬敏，崔少娟，“一 A 一 B”框式结构的位序原则及语义，《当代修辞学》，2010(4)：74-79。
邵敬敏，黄燕旋，“半 A 半 B”框式结构研究，《陕西师范大学学报(哲学社会科学版)》，2011(2)：124-128。
沈家煊，英汉否定词的分合和名动的分合，《中国语文》，2010(5)：387-399。
沈家煊，词类的类型学和汉语的词类，《当代语言学》，2015(2)：127-145。
宋宜琪，张积家，空间隐喻和形状变化对物体内隐时间概念加工的影响，《心理学报》，2014(2)：216-226。
陶竹，毛澄怡，汉语虚拟位移现象探析，《扬州大学学报(人文社会科学版)》，2011(6)：115-120。
王冬梅，现代汉语动名互转的认知研究，博士学位论文，中国社会科学院研究生院，2001 年。
王馥芳，认知语言学：外部批评、理论回应和反思，《外语教学理论与实践》，2014(3)：1-8。
王弘宇，“一边 A，一边 B”的内部语义关系分析，《中国语文》，1997(2)：122-125。
王继同，论动词“V 着 V 着”重叠式，《汉语学习》，1990(2)：12-17。

王文斌，论英语的时间性特质与汉语的空间性特质，《外语教学与研究》，2013(2)：163-173。
魏在江，时间转喻的体验哲学基础及其认知特征，《外语教学理论与实践》，2013(04)：1-6。
项开喜，汉语重动句式的功能研究，《中国语文》，1997(4)：260-267。
肖燕，文旭，时间概念化的转喻实现方式，《外国语》，2012(3)：68-74。
邢福义，说“V一V”，《中国语文》，2000(5)：420-432。
徐连祥，动词重叠式VV与V一V的语用差别，《中国语文》，2002(2)：118-122。
晏诗源，英汉延伸型虚拟位移表达认知研究，硕士学位论文，湘潭大学，2014年。
杨静，延展类虚拟位移的体验基础及其对句法的影响——路源假说，《西安外国语大学学报》，2013(3)：44-47。
杨晓红，张志杰，时间隐喻中的空间参照框架，《心理科学进展》，2010(1)：1-9。
杨文星，汉、英本族语者时间思维方式对语言加工的影响，博士学位论文，北京外国语大学，2015年。
姚尧，“或”和“或者”的语法化，《语言研究》，2012(1)：49-54。
殷志平，试论“一V一V”格式，《中国语文》，1996(2)：110-112。
余俊宏，“大A大B”框式结构的语义研究，《南京师范大学文学院学报》，2015(1)：158-163。
翟冬雪，鲁雅乔，鲁忠义，儿童道德概念垂直空间隐喻的认知发展，《心理科学》，2016(5)：1171-1176。
张建理，汉语时间系统中的“前”、“后”认知和表达，《浙江大学学报(人文社会科学版)》，2003(5)：85-92。
张建理，骆蓉，汉英空间-时间隐喻的深层对比研究，《外语学刊》，2007(02)：68-73。
张辉，孙和涛，顾介鑫，非成语四字格词组加工中韵律与句法互动的ERP研究——熟语表征和理解的认知研究之六，《外语与外语教学》，2012(6)：6-11。
张克定，空间关系及其语言表达的认知语言学阐释，《河南大学学报(社会科学版)》，2008(1)：1-8。
张炜炜，Nian Liu，认知语言学研究的“实证周期”，《外语研究》，2015(3)：18-23。
张炜炜，刘念，认知语言学定量研究的几种新方法，《外国语(上海外国语大学学报)》，2016(1)：71-79。
张秀芳，“V来V去”构式多义性的认知理据，《天津外国语大学学报》，2014(5)：23-28。
赵长才，中古译经“或X”双音词的用法及演变过程，《中国语文》，2013(3)：215-229。
钟书能，傅舒雅，英汉虚拟位移主体认知对比研究，《外语学刊》，2016(2)：32-36。
钟书能，黄瑞芳，虚拟位移语言现象研究：回顾与展望，《解放军外国语学院学报》，2015(3)：31-39。